EL DIABLO

SU VIDA Y SU PODER

(Toda su historia y vicisitudes.)

El Angel Caído.—Escultura de Ricardo Bellver.—Único monumento
elevado al Diablo en todo el mundo.

(Madrid: Fuente Monumental en el Parque.)

RAFAEL URBANO

EL DIABLO

SU VIDA Y SU PODER

(Toda su historia y vicisitudes.)

9 LÁMINAS Y 13 ILUSTRACIONES EN EL TEXTO

BIBLIOTECA DEL MÁS ALLÁ
LISTA, 66 — MADRID
1922

© de la presente edición
del 2025:

Editorial Gráficas Maxtor
Fray Luis de León, 20
47002 Valladolid (España)
+34 983 090 110
info@graficasmaxtor.es
www.graficasmaxtor.es

I.S.B.N: 978-84-1171-095-4
Depósito Legal: DL VA 208-2025

A mi excelente amigo

Don Cristóbal de Castro.

*Imaginé primeramente dedicar este libro a los po-
bres sacerdotes, que en el ejercicio de su santo ministerio sufren a diario las tentaciones del «Diablo», y a
las pobres muchachas que las padecen en los «cines».*

*Pero notando que la acción más eficaz contra el Ma-
ligno la efectúan los hombres de letras desterrando
errores, encauzando la opinión y creando ideas, me
acordé de usted, mi excelente amigo, y si usted lo permite, vaya su nombre al frente de esta obra como tes-
timonio de mi admiración y cariñoso afecto.*

RAFAEL URBANO

Madrid. Septiembre, 1922.

ÍNDICE

Págs.

PRÓLOGO

He aquí la historia del Diablo, tal como puede escribirse en nuestros días, no llena de fe, pero sí de inquietud.

Es una historia de su actividad social y desde la consideración que merece a la mayoría de los hombres cultos que viven dentro del cristianismo, como la forma religiosa más elevada y armonizable con la cultura contemporánea.

Es una historia y nada más, aunque a ratos, por exigencias de la cultura pública y de la dignidad del autor, se filosofe unos momentos. Por eso mismo se ha dulcificado un poco toda la profundidad que hubiera sido enojosa y triste para el lector.

El Diablo y los diablos paganos, los diablos de las religiones olvidadas, no entran en esta historia, porque todos ellos han perdido su realidad en la vida y viven sólo en las vitrinas de los museos, para salir en los días de descanso, de limpieza, cuando el público no concurre, y dirigirse a los sabios investigadores del pasado, que no los tratan muy bien casi nunca.

Mezclar esos diablos con el Diablo cristiano —el que vive en el Cristianismo, quiero decir— habría provocado en los lectores una idea sectaria que no quiero suscitar en nadie: la de que nuestro Diablo no es ni más ni menos que un plagio de los diablos anteriores. Eso no es cierto, y, además, es aventurado sostenerlo dentro del estado actual de la ciencia y del estudio de las religiones comparadas.

Eso podría servir acaso para exponer una filosofía sobre la idea del mal y su representación en la historia. Pero tampoco he querido hacer eso. Este libro es sólo una historia del Diablo tal como lo mira, con curiosidad y algún miedo todavía, el hombre de nuestros días, y como habrá de verlo mucho tiempo aún.

Si además de la ilustración que sobre la materia se propone al lector, encuentra éste una lectura fácil y la puede hacer sin fastidio, quedaré satisfecho, y en vez de recibir con orgullo el aplauso, yo aplaudiré al que no se haya enojado leyendo estas páginas.

CAPÍTULO PRIMERO

EXISTENCIA REAL DEL DIABLO

El Bien y el Mal.—Por qué no se niega al Diablo.—Su imposición cristiana.—Por qué no se le ve con frecuencia.—Cómo se presenta a cada uno.—Los Evangelistas del Diablo.—Las personas que le han visto.

El Diablo existe de verdad.

La existencia del Diablo ha sido menos discutida que la de Dios; y se comprende que haya sido así, porque aunque el Diablo venga a ser una personificación del Mal y Dios la del Sumo Bien, en la práctica de la vida, por las propias equivocaciones, los descuidos de la inteligencia y la diversidad de intereses entre los hombres, el hecho es que el mal, la desgracia y el disgusto se ofrecen continuamente con mayor constancia y a mayor abundamiento que el bien, la felicidad y la dicha.

La negación de Dios es una primera protesta contra las intermitencias de los bienes en la vida; y antes que un resultado de la razón o el final de un razonamiento, es un movimiento sentimental motivado por la injusticia de que nos creemos víctimas.

El ateísmo está, así, más universalmente extendido que el "ademonismo", si se permite la palabra.

Lo más uniformemente repartido entre las gentes es el dolor, que sienten por igual todos los hombres, cualesquiera que sean sus condiciones y su cultura.

Un placer colectivo no se comprende, y todos los esfuerzos del arte y de los espectáculos públicos para lograrlo han sido hasta el presente ineficaces.

Hay siempre un espectador que no aplaude, si es que no existe una minoría que silba.

Tenía razón Schopenhauer: el mal y el dolor son verdaderas y positivas realidades.

La cara del Sumo Bien no hemos podido representárnosla nunca a satisfacción de todos. En cambio, todas las representaciones diabólicas, demoníacas e infernales, por disparatadas que sean, adquieren un asentimiento general, siendo uniformemente adjetivadas, sin discrepancia de ninguna suerte.

Es más: los dioses mismos, los dioses olvidadados, del Paganismo, los dioses de Oriente, del Asia, las representaciones divinales de la América precolombiana, y el mismo Dios de la religión cristiana, que hoy siguen tantos pueblos civilizados, se ofrecen a la veneración de los hombres humanizados por una mueca de dolor, si no es que aparecen martirizados y ensangrentados.

Los dioses sufren también.

El mayor dolor—el de la muerte—lo sufren todos los seres, y el mayor placer—el del amor—lo sienten distintamente los hombres, dándose además el caso de no haberlo sentido algunos.

Positivamente tocamos el mal, conocemos la desgracia y sufrimos sus sinsabores y amarguras con frecuencia.

El mal es una verdadera realidad, por encima de toda disquisición metafísica, aunque se haya sostenido para consuelo de los hombres que es una negación.

Indiscutible la existencia del mal, tenemos que colocarlo en el espacio, en algún sitio, para alejarlo de nosotros. Lo contrario de lo que deseamos respecto del bien.

Y la creación colectiva del mal, colocado en el espacio, situado fuera de los hombres, rechazado por todos, ha solidificado en idea y corporizado en fantasma, afectando una forma humana, lejos y aparte de los hombres.

Como proyección de una idea nuestra, está fuera de nosotros. Como un ser corporal, verdadero, tangible, de carne y hueso, está también perfectamente individualizado en el mundo y fuera del mundo, en sus ratos menos humanos, naturalmente; pero de un modo real y efectivo y dispuesto para la acción.

Las sociedades cristianas no tienen más remedio que aceptar la realidad del Diablo. Es una imposición de la fe, fortificada por las Santas Escrituras, por la autoridad de los Santos Padres y las decisiones de los Concilios.

Hoy no hay más diablo que el Diablo que sostiene y afirma el Cristianismo. Al morir y extinguirse las religiones pasadas, los cultos y las creencias de otros tiempos, han perecido sus dioses... y sus demonios.

Precisamente la muerte de esos diablos ha sido el último aliento de las religiones que han fallecido.

De todos los demonios, el único real y verdadero es este Diablo cristiano, porque es el único superviviente de los representantes del Mal; y es también el sólo que existe, porque la religión en que vive es la única que tiene una realidad entre los hombres más civilizados.

Desde un ateísmo absoluto e integral se podrá negar la existencia del Diablo; pero no es frecuente ese ateísmo, y el que se estila se limita a negar el Sumo Bien, dejando intacto el mundo demoníaco y diablesco, que se agranda en ocasiones por la desesperanza y pesimismo de los hombres más desgraciados.

Repugna de primera intención que el Diablo subsista todavía. No se aviene perfectamente con la lógica normal de la mente humana, la existencia de un ser que tanto se parece al hombre, que viva desde que el mundo es mundo y tenga tantos años.

¿Pero no vive aún Dios? ¿No es, con relación al tiempo, al Diablo algo así como un hermano menor del Supremo Hacedor?

La enseñanza y la tradición de la Iglesia cristiana nos ofrecen al Diablo casi desde los comienzos del mundo. Vive ya cuando todavía el hombre no ha aparecido sobre el planeta. Es más, llega a gozar de la estancia en el Paraíso, que sólo gozaron Adán y Eva momentos antes de su pecado.

El Diablo ha hecho que los hombres sean como son.

El Diablo ha provocado la mayor obra de Dios, determinándole a redimirlos de la caída.

Es un artículo de fe la existencia real del Diablo. El Concilio de Braga (561), entre otros anteriores, consigna en el cánon VII que, si alguno negase que el Diablo no ha sido un ángel bueno creado por Dios y afirmase que ha surgido por sí propio de las tinieblas, sea anatematizado y expulsado de los creyentes.

Es verdad, como afirma Alberto Reville, que en ninguna parte pone Jesús la fe en el Diablo como una de las condiciones precisas para entrar en el reino de Dios; pero Jesús mismo fué tentado por el Diablo y sacó innumerables demonios de varios israelitas de su época, que enfermos y perversos, acudieron a curarse entregándose en las manos del Maestro.

Cristianamente pensando hay que creer en la existencia del Diablo. La tradición religiosa y la historia profana atestiguan, además, la existencia del Enemigo y nos refieren sus hazañas y sus obras.

Su condición espiritual aparece al final de todos esos relatos, de todas esas historias y de todas las referencias que se dan de él, al concluír indefectiblemente por la huída misteriosa del trágico actor; pero no está menos probada su corporeidad, su materialidad, en esos mismos relatos, donde como hombre, como persona, ha realizado las acciones de mala voluntad que constituyen la esencia de esos dramas.

Las vidas de los santos están llenas de la acción del Diablo y no puede negarse la realidad de su existencia, so pena de que parezcan enfermos, alucinados o embusteros esas grandes figuras que el catolicismo ha llevado a los altares.

El Diablo no puede ser una ilusión. Demasiado igual y repetida; la misma, en todas las latitudes; idéntica en todos los hombres, no puede ser la invención de cada uno.

Es cierto que no se presenta corporalmente en la actualidad con aquella frecuencia que llegó a ser cotidiana en toda la Edad Media. Pero a esta indicación puede replicarse si será práctica para su propia obra su presencia en las revoluciones políticas, en los mítines obreros, en las sesiones de los cuerpos colegisladores y en los centros de desorden.

Si el hombre sigue la ley del menor esfuerzo para la realización de su obra, más cumplidamente debe seguirla el mismo Diablo. ¿Para qué ha de ofrecer su cuerpo donde puede obrar con su espíritu?

Esta es quizá, también, la razón oculta por la cual puede explicarse que los niños, los inocentes, las personas cándidas y sin complicación alguna, vean con más frecuencia al Diablo que las personas advertidas y cultivadas.

No sería práctica para el mismo Diablo una acción espiritual e inteligente, sofística y razonable por consiguiente, al parecer, sobre un labriego o una mujercilla. En tales casos vale más su presencia corporal y su mandato imperativo que todas las influencias a distancia o la infiltración de malos pensamientos.

El Diablo coge a cada cual por donde puede; y puede más, físicamente, en los no inteligentes, así como puede más y mejor, por el influjo mental, en los más cultivados y advertidos.

Una comedia admirable, y a la que no se ha querido prestar nunca el Diablo, sería su aparición a una autoridad civil o militar de cualquier pueblo cristiano. El ministro de la Guerra o el gobernador de la provincia mandarían encarcelar al presunto "usurpador de estado civil" y quedaría sin eficacia su intento, después de sufrir una pena corporal que podría dolerle muy de veras.

La presencia real del Diablo no implica siempre una ignorancia o una candidez aldeana en el hombre que la observa. Eso sería afirmar en redondo la estulticia—inadmisible—de tantísimos varones santificados, que fueron inteligentes por demás: todos los Padres de la Iglesia, los Doctores, los Santos más eminentes, los fundadores y reformadores de las Ordenes religiosas.

Sin embargo, la afirmación antecedente es absolutamente positiva, por denuncia de la práctica diaria; y lo es también la que acabamos de consignar.

La contradicción no es más que aparente, porque se calla uno de los términos característicos de una parte. Y es que la presencia corporal del Diablo se efectúa, no por razón de la ignorancia del sujeto a quien se aparece, sino por el "silencio mental" del individuo, que arrebatado en el plano de un éxtasis, colocado en un mundo sobre las ideas y los sentimientos corrientes, y penetrado de lo divino o próximo a penetrar en ese mundo, sólo puede tener una oposición firme con una llamada material.

Ni el Diablo, ni lo demoníaco, observaba Goethe a su amigo Eckermann, pueden explicarse por la inteligencia y la razón. Pero tampoco pueden negarse como realidades y fenómenos que ocurren y se suceden en el mundo.

Por una razón de orden y de método, como diría cualquier sabio y estudioso profesor, es necesario consignar en este capítulo la realidad del Diablo, y de hecho así queda consignada, con toda la imprecisión que debe consignarse, la existencia de sujeto tan sutil, tan curioso y extraordinario.

Se le siente, se le percibe, se le puede imaginar uno. El arte le ha representado; la ciencia le ha combatido y le combate con tanto ahinco como el más entusiasta de los santos, y aun se le condena todavía en los tribunales de justicia. Si palpablemente no le vemos en el hogar, en la calle, en los espectáculos públicos, no quiere decir eso que no exista. Hay siempre una cantidad considerable de electricidad en la atmósfera, y sólo la percibimos de una manera indiscutible cuando, formada la tempestad, cae un rayo a nuestros pies.

En las épocas pasadas, no era tampoco cosa muy fácil entrar en tratos con el Diablo. Esos grimorios absurdos que pretenden enseñar el protocolo para cumplir todas las formalidades, acreditan la existencia de no pocas dificultades y obstáculos.

De todos modos, ¿quién puede negar que hay vehementes sospechas sobre la realidad del Diablo? Los poseídos de ira, los llenos de encono, los rebosantes de cólera, los que han hecho una injusticia, los que tienen conciencia de su pecado o de su crimen, reconocen que han sido secuestrados extrañamente o llenados por otro individuo que les hubiera arrebatado el cuerpo como una prenda de vestir.

La vida de Jesús, relatada por cuatro evangelistas, santos también, se sigue discutiendo entre los hombres; y no es mucho que la vida del Diablo, referida por hombres solos, muchas veces no santos, se discuta igualmente, aun cuando estos últimos evangelistas, desplegando un arte infinito, hayan hecho sus relatos modelo de belleza y sublimidad.

Figuraos que los más grandes poetas de Italia, Inglaterra y Alemania se han entregado de lleno a la empresa. Y esos hombres se llaman Dante, Milton y Goëthe.

¿Se dirá todavía que el Diablo no existe?

Lo han visto los santos, las vírgenes, los doctores y muchos jurisconsultos. Erasmo, tan escéptico en estas materias, creyó verlo en las pulgas que había en Rotterdam. Miguel Servet lo veía alojado en los ventrículos del corcho. Fray Jerónimo Savonarola creía oírle todas las

San Dunstan y el Diablo.
(*De Scheible.*)

noches al acostarse y que le llamaba con voz extraña. San Antonio, primer ermitaño, le escupió en la cara. El papa San Silvestre le metió en una cueva. El prior de la Abadía de Cluny, en la Edad Media, lo sumergió en una cisterna. San Dunstan le cogió las narices con unas tenazas. Martín Lutero luchó a brazo partido con el Diablo, y aun se enseña en Witenberg la huella y la mancha que dejó en la pared un tintero que le arrojó al rostro.

Al Diablo se le pega, se le apalea y se le encadena.

También se le acaricia.

"Creedme—dice San Cipriano en su *Confesión*, según el texto de Mr. De Mirville—, vi al Demonio. Creedme, en mi juventud le abracé."

CAPÍTULO II

EL DIABLO POR DENTRO Y POR FUERA

El Diablo no tiene propiedad.—Vive en una atmósfera que explica la filosofía relativista.—Sus poderes son absolutos en apariencia.—El Diablo es un individuo único.—Los diablos son pronombres del único Diablo. Sus duelos personales y sus ataques en cuadrilla.—Breughel, el pintor satírico del Diablo.—Formas que puede tomar.—El Diablo precursor de Zamarck y de Darwin.—Por qué no se avergüenza el Diablo.—Sus monstruosidades permanentes.—Significación de los cuernos del Diablo.

El Diablo es, ante todo, un ser de naturaleza angélica. Ha sido creado por el mismo Dios. Y fué hecho bueno y hermoso.

Es doctrina recibida por la Iglesia que no fué engendrado por sí mismo, sino por el Sumo Bien, siendo así un ser subalterno.

Su pecado, su crimen, está en haberse rebelado contra el Supremo Hacedor en un rasgo de soberbia. Y su castigo inmediato fué perder en absoluto la belleza, la bondad y la verdad.

En el orden exterior fué arrojado de los cieles y precipitado en los abismos, fuera de la Tierra, o mejor aún, de la percepción humana, en una posición del espacio que ahora la ciencia moderna va adivinando como una cuarta dimensión.

En cuanto esa dimensión sea popular al género humano, el Diablo pasará a otra posición como morada de su reposo y lugar de su permanencia.

Ha de vivir así, desterrado de su patria primitiva y sin propiedad en la Tierra, creada para morada del hombre principal y exclusivamente.

Puede ser huésped en ella como todas las naturalezas espirituales; pero no es el lugar para su existencia, como no lo es para nosotros permanecer en el planeta renunciando al aire y al sol.

Sin patria, sin propiedad, sin territorio; en su propia atmósfera, en su inmensa aura o irradiación espiritual está todo su reino y dominio señorial.

El Cielo lo ha perdido por completo, y la Tierra es sólo para él como el mesón de un camino que asalta un forajido.

Esto explica cómo todas las cosas extraordinarias se presentan primeramente a la inteligencia del hombre como acontecimientos y sucesos diabólicos y diablescos.

La desnaturalización del Diablo, obra del

progreso humano, que lo rechaza y aleja cada vez de los dominios terrestres, constituye también una gran parte de su pena.

Su acción más sutil, descubierta por el hombre, le obliga a errar por los espacios disfrazado y oculto en los repliegues del substracto cósmico, en los lugares donde el tiempo, el espacio y la gravedad son conceptos sobrehumanos, inabordables para la física corriente del mundo y que ya los hombres más advertidos, presintiéndolos primero y adivinándolos también, tratan de reducir a conocimiento, bajo el nombre de filosofía relativista o de Einstein.

El lugar y residencia natural del Diablo no es precisamente la Tierra, es el Infierno. Obra y actúa en el mundo humano sobre el planeta porque ello es inherente a la facultad espiritual que posee desde su origen, como ángel, y que conserva, no precisamente porque así lo quiera, sino por permisión de Dios para pena y castigo suyo, como conserva el pobre la idea viva de la riqueza, el amor al dinero y el anhelo angustioso de poseerlo.

Los poderes que Dios le permite son facultades incompletas para el cumplimiento de su propia voluntad. En eso está su castigo.

A los hombres les parecen esos poderes muy grandes y, por una obcecación disculpable en lo limitado y distraído de su inteligencia, los llegan a envidiar, sin pensar que siempre son inútiles, que jamás le satisfacen al Diablo y que fracasa al final de sus empeños, pues en los casos de éxito más aparente, la misericordia divina, las aguas del bautismo y la sangre de Jesús, le arrebatan el triunfo.

El Diablo no es más que uno. Hay ciertamente varios; pero todos ellos son diablos menores, diablos de segundo orden, secundarios, subalternos, delegados, enviados, servidores del grande y único Diablo, que aflige a la humanidad cristiana, perturbando la Tierra, enfermando las conciencias y destruyendo las almas.

El mundo está lleno de obras suyas materiales, no habiendo dejado pueblo alguno sin abrir en la tierra su cueva para los misterios y trazado su puente en recuerdo de su pontificado seudodivino, como los grandes sacerdotes y transportadores de almas.

La noticia más remota ni le dan nombre ni siquiera forma humana.

El Diablo aparece en el Paraíso terrenal en forma de serpiente, y así tienta a Eva, que luego persuade a Adán a desobedecer al Señor.

Las Santas Escrituras hablan un poco más tarde de sus hazañas y maldades, dándole diferentes nombres y figuras, pluralizando su persona y dejando a lo lejos una idea de su unidad y unipersonalidad, ofreciendo a los diablos y demonios como servidores de un ser superior, malo también, que les dirige y gobierna: el grande, el único y el verdadero Diablo.

Su nombre es harto significativo, cualesquiera que sea, expresando siempre la idea de enemistad. Todos ellos: Diablo, Demonio, Lucifer, Belcebú, Mefistófeles, etc., etc., son como apellidos o pronombres de la palabra Satán שטן que significa *adversario* en hebreo.

Diablo, διαβολος, en griego, de διαβαλλειν, tiene el mismo sentido.

La palabra Demonio, de la griega δαιμον, vale tanto como genio, inspirador; instigador, mejor dicho.

En cuanto a los demás nombres que ha recibido en los sábados de la Edad Media, el significado indudablemente ha sido el mismo, aunque las brujas, las hechiceras y los poseídos le llamasen Felipe y Leonardo.

En el fondo coincidía la nominación con el nombre de un enemigo, o se le daba el nombre de un adversario que se sufría en la vida real.

Ese Diablo ha sido siempre una persona, una persona única. Los diablillos que le rodeaban en el aquelarre eran sencillamente servidores insignificantes, mucho más traviesos y retozones que impíos, y de verdad malos. Se entretienen en hacer diabluras; es decir, esas gracias un poco groseras, pero siempre con un poco de prestidigitación.

La caída de los ángeles es, sin embargo, una enseñanza de la Iglesia, habiéndola reservado *in extenso* para la última revelación en el libro del *Apocalipsis*. La pluralidad del Diablo está perfectamente definida dentro del cristianismo. "Yo soy *legión*", dice Satanás.

En la Epístola II de San Pedro, cap. II, v. 4, se afirma que Dios no perdonó a los ángeles que pecaron, y que enviándolos al Infierno, los arrojó al abismo para ser atormentados y reservarlos para el día del Juicio.

San Judas, apóstol, en su *Epístola* (v. 6), abunda en la misma pluralidad.

En fin, generalmente se habla de los diablos, de los demonios y de los ángeles rebeldes.

Pero no es menos evidente que sin perjuicio de esa multiplicidad se adivina una constitución monárquica, imperial, cesarista, en el mundo de los demonios que rigen indistintamente, según los menos advertidos: Satanás, Lucifer o Belcebú, tomando estos nombres como sinónimos de una sola e idéntica entidad.

En las vidas de los santos más admirables y resignados, si es que puede aceptarse graduación en la santidad, observamos que las tentaciones tumultuosas no son las más frecuentes.

Lo corriente es un duelo o combate singular entre el bienaventurado y un demonio. Los ataques colectivos, brutales siempre, se proponen no contrariar una afirmación dogmática, sino más bien moral. A veces, menos, una sencilla degradación en la conducta. Así, los grandes Doctores muy raramente sufren un ataque en cuadrilla. El Diablo se ofrece en una actitud de opositor, de contrincante. Es un parlamentario agresivo que desciende de su escaño para convencer por la fuerza. El Diablo comprende perfectamente que no hay otro medio práctico de luchar con un dialéctico.

En las tentativas de corrupción moral, de conducta; en las tentaciones por antonomasia, el ataque tumultuario tiene más probabilidades de éxito y desde luego puede perjudicar más. La inteligencia no tiene más que una entrada, mientras los sentidos tienen mil ventanas abiertas a la vida y a la naturaleza exterior.

Los santos que han sufrido más han sido, así, los pobres Padres del Desierto, los ermitaños, los anacoretas.

San Antonio fué tentado y atacado por todos los demonios. Las figuras más obscenas y provocativas salieron del Infierno para sublevar su carne, marchita, exangüe, flácida; y las más repugnantes y absurdas para herirle en sus demás necesidades y sentidos: el olfato, el oído, el tacto, el gusto y aquellos otros—insospechados entonces, y por eso su diabólica acción sobre ellos—, como los sentidos del peso, el sentido muscular y el de la orientación.

El Diablo puede, efectivamente, afectar una multitud de formas y figuraciones sin cuento.

Todas las que provocan una alucinación en los hombres, desde los más normales, rendidos por el cansancio, hasta los estigmatizados por una degeneración horrible que explota en los centros nerviosos y en los hogares de la energía.

En los disfraces bestiales el Diablo se denuncia siempre como las tiples disfrazadas de hombre o los muchachos vestidos de chica.

Ese continente cómico nadie lo ha revelado de modo más admirable que Breughel el viejo (1525-1569), dando a los animales demoníacos y diabólicos toda la gracia picaresca del Diablo metido en una empresa sensible, sensorial y sensual a todas luces, frente a una carne que sólo puede pecar horriblemente suspirando por su falta de energía.

Todas las formas de la materia le son factibles al Diablo, así como las apariencias divinas.

Erróneamente, por un analogismo barato y precipitado, del que tanto gustan las gentes irreflexivas, se ha creído que no podía tomar las apariencias de paloma y de cordero, por recordar éstas las representaciones simbólicas del Espíritu Santo y del Hijo de Dios. El Diablo puede afectar esas apariencias, y así se ha presentado a Santa Francisca Romana y a San Oswaldo. ¡Qué más, al propio San Martín, según su biógrafo Sulpicio Severo, se le apareció una vez bajo la figura de Jesucristo!

Todas las formas le son asequibles, incluso las del mundo inorgánico y puramente físico.

Una vez penetró en el cuerpo de una joven toledana del siglo XVI, María García, en forma de naranja; otra vez, en una monja, en forma de lechuga.

En su audacia extrema, le vemos en el promedio de su existencia tentar al mismo Jesús, ofreciéndole el dominio de la Tierra. ¿Cómo se le apareció entonces? Debió ser en la forma más noble y más humana, sin perjuicio de ofrecerla como el vestido más adecuado para un espíritu en visita al Hijo de Dios.

En el mosaico de la catedral de Monreal, en Sicilia, la escena lo representa en figura de ángel.

En cuanto a las demás representaciones artísticas, la inspiración de los pintores y escultores, siguiendo las nociones y revelaciones de la época, no ha hecho más que seguir la pauta trazada por el poeta o el místico.

En los primeros momentos, cuando todavía hay recuerdos demasiado vivos del paganismo expirante y de los cultos ya fenecidos, pasan los elementos que sirvieron para la personificación del mal a constituír los necesarios para la representación diabólica.

El Diablo cristiano va reproduciendo así todas las monstruosidades del diabolismo extinguido de las religiones pretéritas. Desde luego, como caracteres fundamentales acoge la fealdad y la desproporción. Después, en la ignorancia de las convenciones artísticas, se suman a su representación las que, no comprendiéndose, se reputan monstruosas y absurdas; y el Diablo adquiere así una significación motora que está muy lejos del mal. El Diablo tiene alas, como los genios benéficos que fecundan las plantas, como aquellos sacerdotes asirios que efectuaban la caprificación de las palmas. El Diablo adquiere el tridente de Neptuno, los pies alígeros de Mercurio y todos los adornos de un prevenido bienhechor que está dispuesto a resolver y solucionar las dificultades que surjan en el instante. Es un guía armado al que podemos confiarnos por aquellos caminos inseguros del pasado, no enlosados como las calzadas castrenses, sino señalados por las mieses hundidas y pisadas en las trochas para llegar a un sitio por el atajo.

Las primeras representaciones son agresivas, absurdas, imponentes. Después se hacen ridículas, y más tarde, ya humanizadas, nos muestran un desnudo negro, que es el acuerdo entre la antigua exaltación de la carne y el recato obligado por la edad.

El único desnudo no patológico que ofrece el Cristianismo es el de este Diablo que no avergüenza a nadie, porque parece vestido no siendo de color de carne.

Las Magdalenas y los San Sebastianes, digámoslo en voz baja, aquí para nosotros, son reencarnaciones de Apolos y de Venus, que buscan en los nimbos de santidad lo que les daban con el plinto en las pinturas y en las esculturas los iniciados órficos: la expresión divina.

El hombre se había elevado en las sociedades, físicamente, haciéndose caballero sobre el caballo o poniéndose en pie sobre el carro de guerra. En lo mismo cómico, para llegar a todo tenía que calzarse. El coturno, daba el tono de la tragedia y al plinto sobre el pedestal, aseguraba la divinidad de la figura.

La superación cristiana, como la superación hinda, hecha para los pobres, descalza, casi desnuda, mortifica y tortura los pies, lloviendo, en cambio, un puñado de luz en la cabeza de los bienaventurados, que tiembla, palpita y parpadea por la acción del pensamiento y del deseo.

Los dioses paganos son más altos que los hombres, solamente. El divino Buddha y San Francisco de Asís, llenos de luz por la aurora que llevan sobre sus hombros, nos dicen que piensan por el género humano, aunque reposen sobre una flor de loto o caminen sin separarse del suelo, sintiendo sobre la carne el mordido de la arena.

El Diablo no tiene aureola.

Y así, ha sido felicísima la denominación de Mefistófeles que se le ha dado, denunciándole como *al que no ama la luz*.

Ennegrecido, oscuro, lleno de sombra y en la sombra destacado, Santo Tomás dice haberlo visto como si fuese un etíope, y María de Alacoque recordando la figura de un moro.

Esas formas le aproximan demasiado a la humanidad, y acreditan un tiempo no muy lejano de su aparición.

En los primeros momentos, el Diablo es más animal, menos humano. La forma más elemental y perdurable es la de una serpiente; así es como tienta a los padres del género humano. Más adelante va subiendo en la escala zoológica, pasando por todas las manifestaciones animales, menos coloreadas y alegres.

Miguel Psellus, recogiendo la información que le da por padre al dragón marítimo Leviathan, sostiene que el Diablo tiene el cuerpo lleno de escamas, y que respira por las bronquias, como los peces.

Se comprende que debe tener otra fisiología, y que su vida sensorial ha de ser muy diversa de la vida humana, tan sujeta a la materialidad de la carne, porque está edificada sobre el barro terrestre.

La corporidad satánica, accidental y no necesaria, puede pasarse sin entrañas, bastándole al Espíritu del Mal con la mejor apariencia de una somática perfectamente humana.

No tiene corazón, y como no tiene, además, buen color, no puede ruborizarse.

Representado siempre de un modo monstruoso, no es raro verle remedando a la Trinidad, provisto de tres cabezas o de tres caras. Pero en el fondo, lo que parece una parodia, no es ni más ni menos que una necesidad técnica para expresar su poder en todos los tiempos: el pasado, el presente y el futuro.

La Trinidad cristiana representa igualmente el tiempo absoluto, porque compendia una manifestación superhumana.

Es el caso de otros símbolos que representan

ideas motoras. La Prudencia se ve representada en algunas catedrales cristianas, ya en sus ventanales o en los capiteles de sus columnas, con una figura de dos caras opuestas, que arrancan del mismo cuello. La monstruosidad existe cuando se prescinde de que se trata de un símbolo; pero en cuanto sabemos qué es lo que hay en él, el dibujo y la escultura nos parecen acertados y bien dispuestos.

Al emperador del Doloroso Reino lo dibuja el Dante, al llegar al fondo del Infierno (Canto XXXIV, ver. 28 y sig.), como un gigante asomando el pecho sobre el helado mar en que yace, lleno de fealdad, con tres caras y dos alas inmensas, que recuerdan las alas de un murciélago.

Es un Diablo más monstruoso que el de Milton; pero mucho menos que el que ha creado la imaginación popular en los pueblos cristianos para hacerle odioso y horrible sobremanera a las gentes más delicadas.

Las monstruosidades permanentes del Diablo son sus cuernos y su rabo: unos cuernos de macho cabrío y una cola de toro.

A veces, bajo los cuernos se ven unas orejas de asno.

En dibujos y esculturas más refinadas se ofrecen otras particularidades, lo mismo que en ciertas descripciones que nos han dejado los santos y los místicos: las uñas en forma de garras, la presencia de espolones en unos casos, y en otros, las piernas como patas de sátiro y con la pezuña hendida.

Habiendo pasado y reunido tantas veces el Diablo la ontogenia y la filogenia de los seres orgánicos, anticipándose al transformismo de Lanarck, y al darwinismo del darwinista más avanzado, Ernesto Haeckel, de hecho se ha estacionado en una forma que le coloca entre los antropoides, ofreciendo el nexo y el paso desconocido y no reparado entre los grandes monos y el hombre.

El darwinismo sin restricciones ha sido rechazado precisamente por la Iglesia, no porque tratara en sus tiempos de mocedad y agresiva juventud, en los comienzos, de vitar en la mente humana la admiración por el *modus operandi* del Supremo Hacedor, creando el mundo y confeccionando al hombre, sino por llenar la solución de continuidad de los seres con la intrusión del Diablo en la perfectibilidad humana, aunque lo colocara al principio.

Esa parte diabólica tan excesivamente humana que imponía el darwinismo, no podía aceptarlo la Iglesia.

Ahora bien; las monstruosidades permanentes del Diablo que han podido ver santos ilustres, como San Carlos Borromeo, por ejemplo, cuando al despedir a un jesuíta advirtió que le asomaba el rabo debajo de la sotana, son realidades impuestas al mismo Diablo al postular una aproximación al hombre.

El Diablo no es una naturaleza mundana. Al establecer un contacto con el mundo ha de acomodarse, ni más ni menos que nos acomodamos nosotros a los seres inferiores abdicando de ciertas prerrogativas y tomando ciertas actitudes para realizar el contacto.

Necesitamos un poco de histrionismo para el profesorado, por ejemplo; como nos vemos obligados a una condescendencia para salvar a un enfermo o corregir a un díscolo.

La forma y apariencia humanas es cuanto puede tomar el Diablo en su contacto para la tentación del hombre; pero lo menos que puede conservar en sí mismo es una monstruosidad que equivale al aire poco corriente que tiene siempre entre los nacionales todo extranjero.

Esas monstruosidades son también un resultado de las tentaciones efectuadas, y una rutina inevitable, justificada en el Diablo, como todas las rutinas, por los éxitos de ayer. Los cuernos han sido útiles y provechosos, según Gutierre de Cetina; pero en otro tiempo. En pasadas edades, lejos de tener un significado degradante, eran símbolos y expresiones del mayor honor. Papirio Custor los dió a todos los caballeros de su ejército para que se los pusieran en los cascos antes de la batalla de Aquitania (293 a. de J. C.). Los llevaron en los suyos los griegos; y sirvieron también de adorno, a manera de corona, a varios emperadores. Eran una expresión de fuerza, de dominio. Colocar una cornucopia a un César era, en cierto modo, efectuar su apoteosis y divinizarlo.

Las libaciones sagradas se hacían en cuernos que servían de copas, y se llegaron a trabajar esos vasos de una manera admirable y artística.

Las monstruosidades de la cola y de las orejas de asno las estudiaremos más adelante, cuando veamos al Diablo en sus funciones más activas y eminentes.

Ahora queremos satisfacer la impaciencia de los que quieren conocer los dominios diabólicos y la vida más íntima del Diablo en su propio territorio.

CAPÍTULO III

EL INFIERNO

El Infierno superlativo del calor.—El Infierno en Canarias.—El Infierno del Dante y el de Mohidin.—El Infierno de San Pedro.—El Infierno, cínico.—Revelación de Manolito Paso.—Visitas y viajes.—Ferrocarril para el Infierno y el Cielo.—Cómo surge el Infierno.

La opinión de que el Infierno está situado en el centro de la Tierra, en su propio corazón, como quien dice, es una de las más aceptadas y corrientes, acaso porque en las descripciones más remotas del mismo lo más sobresaliente y característico es presentarlo como una inmensa hoguera, en la que se precipitan las almas y los cuerpos de los condenados.

El Infierno se ha concebido como un superlativo del calor, y así se usa en casi todos los idiomas modernos de los pueblos cristianos.

La hipótesis de un origen plutoniano del planeta confirmó y robusteció esa creencia, y, naturalmente, se tomaron los volcanes como respiraderos de la mansión infernal.

41

Cesáreo de Heisterbach dice así que el impío duque Bertoldo de Zaehringen sufre los rigo-res del Infierno en las entrañas del Etna.

Un lugar indisputado de las regiones infernales le han colocado desde tiempo inmemorial en las Islas Afortunadas, en nuestras Islas Canarias, y allí, sobre la cumbre del Teide, se muestra a los viajeros la entrada de la Ciudad Doliente, y en las pequeñas oquedades del terreno, los respiraderos y lucernas del Báratro.

La descripción que hace el *Apocalipsis* de San Juan, monstruosa y tremenda, aceptada, no al pie de la letra, sino como una expresión figurada y misteriosa que es preciso desentrañar, no indica claramente un lugar determinado. Es más, las curiosas y extravagantes anotaciones y comentarios a la famosa revelación de Newton, Swedenborg y de los demás místicos y visionarios, así católicos como protestantes o escoliastas de espíritu libre, han dejado la indicación del Infierno igualmente imprecisa.

No hay, pues, una indicación matemática de su situación. San Juan Crisóstomo lo sitúa en las profundas tinieblas del aire. San Isidoro de Sevilla lo colocaba en la parte terrestre no habitada por los hombres, como indicando que estaba en los antípodas. Otros santos, escritores y estudiosos teólogos, sin fijar tampoco sus límites, lo han colocado en los espacios, fuera de la Tierra.

A pesar de esa ignorancia, se sabe perfectamente su forma y es conocido el plano del Infierno.

La Cábala judaica, los místicos mahometanos y los escritores cristianos coinciden en darle una forma de embudo.

La Cábala lo figura con siete zonas, cada vez más pequeñas; los hadices o tradiciones de los hechos y dichos de Mahoma, en siete círculos también; y el Dante, en la primera parte de su epopeya *La Divina Comedia,* le ofrece como un embudo de nueve pisos, inspirándose en las enseñanzas árabes, a las que tenía tanta afición, más que a las cristianas, como ha demostrado hasta la saciedad un sabio sacerdote español, gloria de la ciencia española: el Sr. Asín Palacios (1).

Efectivamente, el Infierno del Dante es, arquitectónicamente considerado, así como en su constitución penal, un recuerdo del imaginado y descrito por nuestro filósofo arabo-murciano Mohidin Abenarabi, el mejor definidor del misticismo árabe y el inspirador de todos los ad-

---

(1) MIGUEL ASÍN PALACIOS.—La escatología musulmana en *La Divina Comedia.* (Discurso de recepción en la Academia Española.).—Madrid, 1919.—Un vol. en 4.°

vertidos y adelantados cristianos, a partir de Raymundo Lulio.

Pero el investigador seguramente más serio de la ubicación o situación del Infierno ha sido

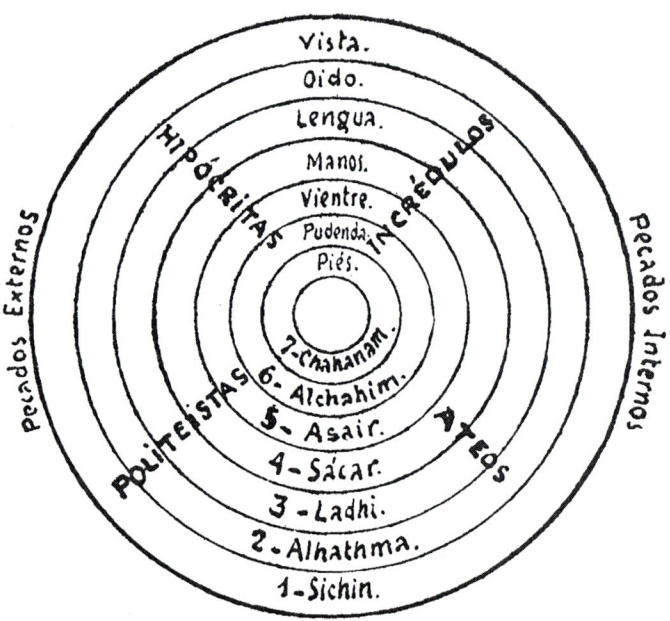

Plano del Infierno según el místico arabo-murciano Abenarabi.

un reverendo pastor evangélico, el Sr. T. Surnden, a cuyo estudio consagró un buen volumen, desgraciadamente poco conocido.

El reverendo pastor concluye sus investigaciones fijando el Infierno en el sol.

Es una sublimación a la que necesariamente

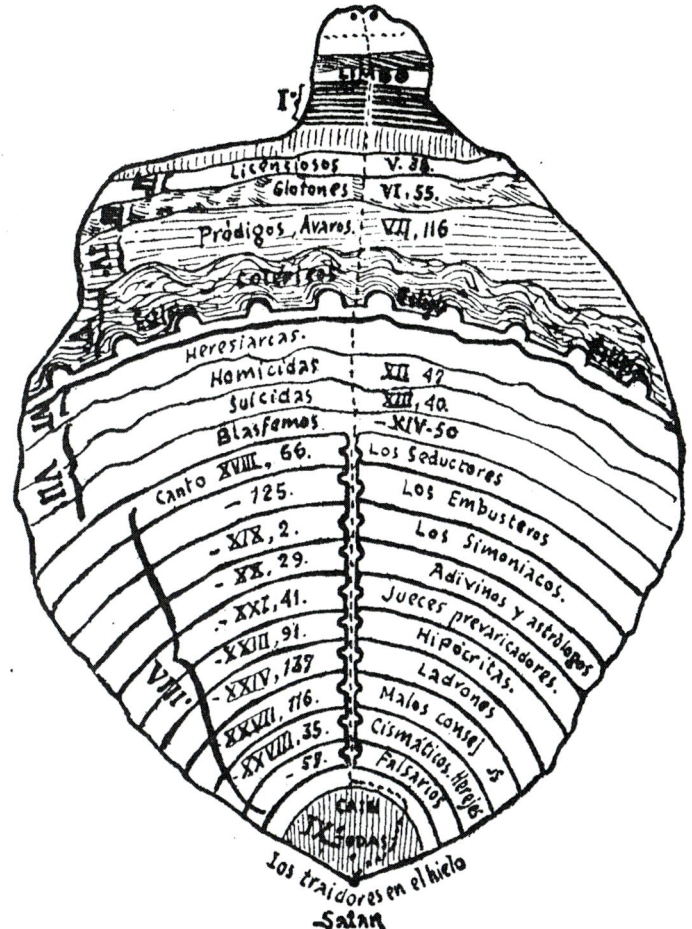

El infierno del Dante, según la composición y dibujo de J. F. Ratel.

se llega creyendo que el tormento superior es el fuego. Pero el caso es que en diferentes descripciones judías, mahometanas y cristianas

45

se habla también del tormento del hielo, que precisamente es el que sufre el mismo Diablo.

Las descripciones arquitectónicas abundan tanto en los libros más reputados como en las obras que nos han dejado los santos.

Pero de todas las descripciones primitivas, no hay ninguna tan curiosa como la que se hace en la *Revelación,* de San Pedro, considerada por San Clemente de Alejandría como canónica y leída anualmente en los cuatro primeros siglos en las iglesias de Palestina para preparar a los fieles en la comunión.

Es, a todas luces, la que ha servido de modelo para la exposición de los tormentos y penas que sufren los condenados.

Después de haber hecho el Príncipe de los Apóstoles una descripción del cielo, dice así:

"Y vi también el sitio completamente opuesto: el tremendo lugar de los castigos.

"Los castigados y los ángeles que les castigaban tenían ropas obscuras, y el ambiente y el lugar eran también obscurísimos.

"Algunos condenados estaban colgados de la lengua: eran los blasfemos del recto sendero; y debajo de ellos resplandecía un vivísimo incendio.

"En una profunda sima, llena de un incandescente lodo, estaban sepultados los que pervirtieran la justicia, castigándoles los ángeles.

"Había aquí también mujeres colgadas de sus cabellos, sobre el lodazal candente. Eran aquellas que por sí mismas habían adulterado, y las que se habían manchado con la contaminación estaban colgadas de los pies y de las manos sobre el cieno. Y yo dije: No creía, en verdad, que se pudiera entrar en este sitio.

"Y vi los asesinos y sus cómplices arrojados en un lugar angosto, repleto de gusanos y bicharracos, atormentados por esos animales, retorciéndose bajo el tormento. Una nube de gusanos caía sobre ellos. Las almas criminales, sin embargo, sufrían firmes el castigo, y dije: ¡Oh, Dios! ¡Tu sentencia es justa!

"Cerca de este lugar vi otro tormento en el que la sangre y la peste del condenado manaban haciendo un charco, donde había unas mujeres a quienes la sangre corría por el cuello.

"En opuesto lugar estaban todos los niños que habían traído al mundo fuera de sazón, y que lloraban. Un flamígero rayo salía de las criaturas y pinchaba los ojos de las mujeres. Así eran castigadas las que habían concebido y perpetrado abortos.

"Y había hombres y mujeres sepultados hasta medio cuerpo en llamas, arrojados en un

sitio obscuro donde los azotaban los malos espíritus. Y eran devorados en sus entrañas por
gusanos que no se hartaban. Eran los que per-
siguieron la justicia y la olvidaron; y, próxi-
mos a ellos, hombres y mujeres a quienes se
picaba los labios y se pasaba un hierro candente por los ojos. Eran los que blasfemaron y se
apartaron del buen sendero.

"Frente a ellos, a otros hombres y mujeres se
les picaba la lengua y se les quemaba la boca.
Eran los que habían testimoniado falsamente.

"En otra parte se agitaban, entre espadas y
lanzas incandescentes, hombres y mujeres arro-
pados en sucios harapos, retorciéndose al tormento. Eran los ricos que negaron sus riquezas,
que no tuvieron compasión de los huérfanos y
de las viudas y que despreciaron los manda-
mientos de Dios.

"En un campo lleno de sangre y materia y de
cieno encendido sufrían los que dieron dinero
a un interés excesivo.

"Otros hombres y mujeres, arrojados a un
precipicio, al tocar el fondo trataban de asaltar-
lo, cayendo nuevamente en el abismo. Eran los
que se habían polucionado..."

El *Infierno* del Dante no es tan tremendo
como el de San Pedro, y no hay un matirio que
describa el poeta florentino que no haya sido

Camino a la caldera.—El infierno de la Catedral de Bourges.
(Relieve del siglo XIV.)

adivinado, desde luego, por el primero de los Papas.

El Infierno del Dante tiene además sobre la puerta una piadosa inscripción, en negro, que previene a los hombres:

> "Per me si va nella cittá dolente,
> Per me si va nell' eterno dolore,
> Per me si va tra la perduta gente.
>   Giustizia mosse il mio alto fattore:
> Fecemi la divina potestate,
> La somma sapienza e il primo amore.
>   Dinanzi a me non fur cose create,
> Se non eterne, ed io eterna duro:
> Lasciate ogni speranza, voi, ch' entrate!"

Pero el Infierno más curioso es el Infierno ideado y dibujado por Justo Jorge Schottel, antiguo miembro del Consistorio de Brunswick-Luneburgo, consejero del mismo, doctor en Derecho y entendido hombre de letras, no sin mérito en la literatura alemana, que, tomando especial interés por los misterios del Infierno, publicó, según Paul Carús, en el siglo pasado, un libro de 328 páginas refiriendo todas las torturas que la rueda del eterno dolor produce en los hombres.

La rueda: esa es la palabra. Porque este jurisconsulto y poeta ha visto el Infierno, no en un sentido horizontal, sino perpendicular, pasando sobre los pecadores.

"Querido lector—dice ofreciendo el dibujo que aquí aparece traducido al castellano—, considera esta rueda girando y lee cuidadosamen-

La rueda del Infierno, según Justo Jorge Schottel.

te lo que está escrito en cada uno de sus radios..."

Efectivamente, no puede ser más terrible y desconsolador, y gracias a que no es muy popular esta noticia muchas gentes pueden ser felices desconociendo este Infierno, aunque no lo sean por entero al saber la existencia de tantos otros.

El Infierno, actualmente, ha recobrado su unidad. En otros tiempos se creía o afirmaba la existencia de cuatro lugares perfectamente distintos para el castigo de los hombres: el Infierno de los réprobos, el de los niños, llamado Limbo; el Purgatorio y el Infierno de Judas.

Para la generalidad, la unidad del Infierno es una cosa indiscutible, como la del mismo Diablo.

El Purgatorio no es un lugar infernal tampoco.

"El Purgatorio—dice un tratadista especial de este departamento, el abate Louvet *(Le Purgatoire d'après les revelations des saintes,* París, 1893, 3.ª edic., pág. VII)—no es sino una sala de espera, más o menos confortable, en la que las almas se detienen algunos instantes antes de tomar el *exprès* para el cielo."

En cuanto a la ubicación del Purgatorio, según Santa Francisca Romana, está en el centro de la Tierra, donde está el Infierno, y del cual es un departamento, próximo a la superficie terrestre.

Realmente no puede admitirse más que un Infierno para las penas eternas, al que probablemente irán muy pocas personas, porque la bondad del Señor es muy grande, el poder del Diablo algo pequeño, y la naturaleza humana más amante del bien que de lo malo.

Las pobres criaturas, que no han hecho ni bien ni mal, no serán atormentadas en modo alguno, y yo creo firmemente que interpretan mal los textos que atribuyen a San Agustín asegurando que el obispo de Hipona afirmó que los niños sin bautizar serían pasados por las llamas infernales, percibiendo un poco la molestia del fuego, como el pan tostado a la parrilla.

¡Eso es absurdo!

El Purgatorio que vió San Patricio, más que una historia de verdad, es una leyenda piadosa. No pudiendo el santo irlandés convertir a los testarudos irlandeses, pidió a Dios que le ayudase en su empresa. Dios le oyó, y llevándole a una cueva cerca de Dungal, le dijo:

"Cualquiera que con verdadera fe, confesando sus pecados, penetre en esta cueva, verá los castigos apercibidos para los malos y los premios reservados a los buenos; pero los que así no lo hagan, no podrán salir de este lugar."

Un solo individuo parece que logró entrar y salir y luego se hizo agustino, refiriendo mil portentos y visiones.

Era un descreído que, naturalmente, acabó por convertirse.

El hecho es que del Infierno se sabe muy poca cosa, aunque conozcamos diferentes descripciones, dibujos, y se señalen diferentes entradas en algunos países ciertamente privilegiados.

Recurriendo una vez a la ciencia y conoci-

La entrada de los infiernos.
(*De un libro de Horas de la Edad Media.*)

miento que los Padres Jesuítas, tan injustamente considerados, poseen, recogemos estas palabras del P. Causin, confesor de Luis XIII de Francia.

"¿Qué es el infierno? Silencio; todo lo que se diga del Infierno es menos que el Infierno mismo. Ningún hombre justo puede pensar en él sin derramar miles de lágrimas. "¿Pero, no necesito yo, pregunta Tertuliano, saber qué es el Infierno?" Y nos dice que es un lugar profundo, una tenebrosa y hedionda sima de la que emanan todas las suciedades del mundo. Pregúntalo Hugo de San Víctor y se contesta: "El Infierno es un abismo sin fondo que abre sus puertas de desesperación y donde toda esperanza se abandona. Es un charco eterno de fuego, dice el divino San Juan (*Apocalip.*, XIV, 20), es aire procedente de resplandecientes carbones, es luz de brillantísimas llamas. Las noches del Infierno están llenas de obscuridad; los lugares donde viven los condenados están llenos de serpientes y víboras; su esperanza es la desesperanza. ¡Oh, muerte eterna; oh, vida sin vida; oh, miseria sin fin!"

No se sabe nada.

Y el caso es que hay noticias extraordinarias de ese lugar tan temido y tan detallado en algunos extremos.

El *Evangelio de Nicodemo,* curioso apócrifo judío redactado definitivamente en el siglo v, pero empezado a confeccionar a principios del siglo II, nos cuenta el descendimiento de Jesús a los Infiernos con los más vivos colores y del modo más sugestivo.

La derrota de los diablos que quieren secuestrarle es aún más definitiva que el primer lanzamiento de los mismos al Infierno.

Un gran poeta de la pasada centuria, y curioso místico a ratos, Manolito Paso, se complacía en referir a sus íntimos la revelación última que había tenido de la naturaleza y tormentos del Infierno.

"Puedo asegurar a ustedes—decía—que no hay tales calderas ni ninguna pena aflictiva que no pueda soportarse. El Diablo está interesado en la eternidad de sus víctimas y no quiere que pierdan el conocimiento, como deseaban y lograban con las suyas los antiguos inquisidores. Nada de eso. Está conquistando amigos, y trata a todos con amabilidad: placeres, comidas, espectáculos, etc., etc.

"Hay sólo un suplicio, pero es placentero. Es decir, fundado sobre el placer: el de las furias. Cuando un varón se desmanda lo llevan al cuarto de las vírgenes que lo fueron por fuerza sobre la tierra, y que pecando *in pectore* han sido condenadas por preinfanticidas al eterno deseo no satisfecho y sin satisfacción posible."

Nuestro poeta tenía la misma imaginación que Dante y que todos los que nos han hablado del Infierno. No han querido ver una obra satánica donde debe haberla, y han visto una obra humana, a ratos muy inferior a las crueldades corrientes de los déspotas de la Tierra.

Lo demoníaco no es más que un poco humano.

Así como el Diablo no es un ser que pertenezca a la Humanidad, el Infierno tampoco pertenece a la Tierra, ni es un territorio, un lugar que afecte la forma, la figura, los límites de un estado europeo o americano por ejemplo.

Se han dado aproximaciones, indicaciones analógicas, lo que podía darse; pero no hay que tomarlas al pie de la letra.

El Infierno que vió Carlos el Calvo (840 de J. C.) en sueños, y al que pudo descender como Dios mismo, está pobremente imaginado, como el mismo al que descendió el doctor Fausto, según la leyenda, a cuestas de Belcebú, sobre una silla hecha con huesos humanos.

Los Padres de la Compañía de Jesús, burla burlando con la gran iluminación que tienen en estas materias, a fines del pasado siglo lanzaron la información más detallada y precisa para ir al Cielo o al Infierno en el medio de transporte más progresivo y expedito en aquellos días: el ferrocarril.

He aquí la curiosa y peregrina información, digna de ser recogida. Es una hojita piadosa, llena de gracia, de encanto y de verdad, con éxito siempre en los pueblos más apartados de las líneas férreas:

FERROCARRILES DE ULTRA-TUMBA

LÍNEAS DEL PARAÍSO Y DEL INFIERNO EN COMBINACIÓN CON LAS DE LA MUERTE Y EL JUICIO

INDICACIONES PARA LOS VIAJEROS DE AMBAS LÍNEAS

Línea del Infierno.

Salida de los trenes .... Cuando el hombre quiere.
Llegada.............. Cuando menos lo piensa.

Precio de los billetes.

1.ª Clase............ Impiedad.
2.ª Clase............ Sensualismo.
3.ª Clase............ Indiferentismo.

Advertencias.

1.ª Se admite sin descuento para el pago de estos billetes cuanta moneda circule con el sello del pecado.
2.ª Los trenes de esta línea son *llamados* de recreo.
3.ª Los niños menores de siete años no circulan por esta línea.
4.ª Los agentes o empleados de la Compañía irán en 1.ª con sólo que ayuden a la Empresa en sus respectivos oficios.
5.ª Los pasajeros llevarán cuanto equipaje gusten; pero deberán dejarlo todo, menos el alma, en la estación de la Muerte.
6.ª Los que viajen por esta línea podrán seguir la del Paraíso, si refrendan su billete ante un Sacerdote, antes de empalmar con el tren de la Muerte. Este tren de la Muerte ni varía ni vuelve nunca.
7.ª No lejos de la estación de la *Muerte* encontrarán los viajeros la del *Juicio*, y desde aquí seguirá cada cual, según la distribución hecha por el *Juez* Supremo, por la línea que conduce a su eterno e irrevocable destino.

Línea del Paraíso.

Salida de los trenes........ A todas horas.
Llegada.............. Cuando Dios quiere.

Precio e los billetes.

1.ª Clase...... Inocencia y vida perfecta.
2.ª Clase...... Penitencia y vida cristiana.
3.ª Clase...... Arrepentimiento a la hora de la muerte.

Advertencias.

1.ª No se expenden billetes de ida y vuelta.
2.ª No hay *trenes llamados* de recreo.
3.ª Los niños menores de siete años van gratis, con tal que sean llevados en brazos por su Madre la Iglesia.
4.ª Los agentes y empleados de la Empresa no tendrán rebaja de precio, pero sí percibirán un aumento de sueldo proporcionado a sus servicios.
5.ª Los pasajeros no llevarán más equipaje que sus buenas obras; de lo contrario se exponen a perder el tren o a ser detenidos por más o menos tiempo antes de llegar al término del viaje.
6.ª Se reciben viajeros en toda la línea, de cualquiera procedencia, con tal que traigan los pasaportes en regla y en papel de *marca romana*.
7.ª El despacho central de billetes está abierto a todas horas en el tribunal de la Penitencia. Los que no pudieren seguir el viaje por haber perdido el billete, podrán renovarlo en el mismo despacho.

57

El Infierno existe en alguna parte; pero no puede estar muy alejado del mismo Diablo.

¿Dónde puede estar? Como lugar propio, fijo, geográficamente determinado, está fuera de la Tierra, en otra parte de los espacios sidéreos. Donde fué precipitado Lucifer como castigo a su pecado.

Los condenados, como seres humanos, no pueden vivir en un medio distinto del que naturalmente exige su organización divina. Se comprende que el Sumo Bien perfeccione a los hombres para el goce celestial más completo; pero repugna que los modifique para castigarlos. La modificación necesaria para sufrir el mal es, sencillamente, el abandono por parte del hombre de lo que le ha dado el Sumo Bien.

Entramos en el mundo demoníaco o del Diablo porque dejamos de ser hombres perfectos, como el Diablo dejó de ser ángel y se hizo Diablo, sufriendo una pérdida personal.

Ahora bien; el Diablo, por su condición original angélica, que desde luego conserva, puede relacionarse con el hombre y visitar los territorios humanos; pero el hombre no puede visitar los territorios demoníacos o diablescos porque es de una naturaleza completamente distinta, inferior a la del Diablo en cuanto ángel. Es un ángel malo, un ángel de las tinieblas; pero con condición de ángel.

Para ser presa del Diablo el hombre, el hombre tiene que adaptarse al Diablo, y así lo ha hecho desde luego, desde tiempo inmemorial, por los conjuros, las evocaciones y las prácticas infernales, que son, como veremos más adelante, deshumanizaciones del condenado y humanizaciones del Espíritu del Mal.

El Infierno no está terminado aún, se agranda o se reduce cada día; pero no tiene límites permanentes. En el orden material son completamente innecesarios, porque no necesita desempeñar una función humana, sino diabólica.

Y la función y aspiración del Diablo es destruír la obra del Sumo Bien en lo que tiene de humana, por lo que hay de divino en ella. Se ha sostenido así que la rebelión de **Lucifer** fué originada por la envidia que tomó al hombre al verlo salir de las manos de Dios. Por eso tentó a los padres del género humano y por eso persiste en su obra, interesándole únicamente la corrupción del hombre en lo que le relaciona con Dios.

El Infierno es un territorio fuera del mundo y hay visibles sospechas de que no sea más que la misma aura obscura del Diablo, agrandada por devorar los bienes de los hombres.

En último término, la característica del mal es el egoísmo; y la ingestión de lo que rodea al egoísta es siempre un fenómeno de nutrición, no del que ha surgido el conocimiento humano, como sostiene un ilustre filósofo catalán. el Sr. Turró, sino del que llevado desapoderadamente surge la existencia del Diablo, el sostenimiento de su ser y el advenimiento a la realidad humana del mismísimo Infierno.

CAPÍTULO IV

EL DIABLO, JEFE DE ESTADO

Orígenes jurídicos del Infierno.—Se trata de una monarquía absoluta y despótica.—La utopía infernal.—El imperio del Diablo no es tan malo como parece.—La falta de mujeres en el Infierno.—La política carnal del *Diablo se la han impuesto los hombres.—Es un Estado* industrial.—El Diablo es un autarca.—El Diablo y la política de Dios.—Una frase de Luis XIV, inventada por el mismo Diablo.

El Imperio del Diablo ha nacido en el campo de batalla.

Entablada la lucha con los ángeles buenos, al constituírse en colectividad, en ejército, la necesidad de una unidad de mando, de una dirección para triunfar en la pelea, dió por resultado la constitución de un Estado y de un Gobierno.

Los orígenes políticos del Imperio del Diablo ofrecen así menos complicación y han dado menos tormento a los hombres que los orígenes del Estado y del Gobierno en la Tierra.

De rechazo, por influencia, puede verse en la

historia de la filosofía del Derecho un recuerdo de ese suceso en la célebre obra de Tomás Hobbes (1588-1679), que demasiado inspirado en la obra diabólica, traza en su *Leviatham* un modelo para los Estados humanos, que, naturalmente, ha condenado la Iglesia.

El primitivo Infierno, que para Cesáreo de Heisterbach era sólo un valle profundo, horrible, lleno de olor a azufre, donde los diablos jugaban a la pelota con los pobres condenados; donde todos los sufrimientos podían expresarse hasta de un modo elegante en unas palabras latinas: *pix, nix, nox, vermis, flagra, vincula, pus, pudor, horror* (la pez hirviendo, la nieve, la obscuridad, los gusanos, el fuego, el encadenamiento, la materia, la vergüenza y el horror), pasa a ser un Estado perfectamente gobernado con todas las apariencias de una asociación humana y toda la medula de su condición antigua.

A un régimen primitivo de castas que se adivinó primeramente por los demonólogos, y que alcanza su expresión definitiva en Miguel Psellus con su curiosa *De operatione dæmonum* (París, 1615), donde los diablos dividen su acción sobre el fuego, el aire, la tierra, el agua, el mundo subterráneo y la región de los espíritus o de las sombras, sigue un régimen político, como el observado por los hombres organizados tras una era feudal en un régimen absolutista.

Al finalizar el siglo xvi, Juan Wierus esboza perfectamente el derecho político, social y administrativo de las regiones infernales. Se trata de una monarquía. El Infierno es un gran imperio cesarista, absolutista.

Esa concepción monárquica es antiquísima en el Diablo. En el libro de San Albano, que desgraciadamente nadie ha querido sacar del Reino Unido, la reverenda abadesa de Sopewll, lady Juliana Berners, hace nacer la ciencia heráldica, no del patriarca Jacob, como Sir George Mackenzie, sino de la contienda de los ángeles y caída de Lucifer.

Santa Brígida vió así, muy en razón, que en diferentes visiones se le apareciese el Diablo con su escudo de armas, como los grandes caballeros cristianos.

El imperio infernal no vive en un estado de paz. Satán, el auténtico superdemonio, ha tenido un rival que le ha vencido, y es Belcebú, a quien Jesús mismo da nombre (San Mateo, XII, 24), el que gobierna y dirige a toda la diablería. Cuatro césares o jefes supremos se reparten las direcciones del mundo: Zimimar, los dominios del Norte; Gorzón, que recibe a las nueve de la mañana, los del Sur; Amaymón, los de Oriente, y Goap, a quien se puede invocar desde las tres a las doce del día y desde las nueve hasta las doce de la noche, los de Occidente.

Los cuarenta y cinco millones de diablos que asigna el celebérrimo Wierus como población fija del Infierno dan al dominio del Maligno la apariencia de un Estado próspero y dichoso, que puede satisfacer sus propias necesidades sin recurrir al intercambio.

Sin embargo, la gran mayoría de sus habitantes y pobladores son entidades activas que rinden un trabajo eficaz y productivo. Cada diablo puede decirse que tiene una obligación determinada.

El elemento verdaderamente autóctono, indígena, vernáculo, es, con todo, muy pequeño. Todos los diablos de las religiones muertas han resucitado y entrado en la nueva monarquía, y así lo denuncia la nominación de todos ellos y las funciones que desempeñan. Es la minoría judeo-cristiana la que determina la política monárquica del Infierno, que, por lo demás, se desarrolla con toda la normalidad de las Repúblicas y Estados creados por la fantasía de los utopistas como expresión de los anhelos humanos.

Es curioso ver cómo esta utopía de teólogos al revés influye sobre todas las utopías sociales que surgen en el mundo.

El ideal cristiano no da más que monarquías

Teniers. -«La Tentación de San Antonio».

(Museo de Berlín.)

más o menos disfrazadas. *La República* de Platón permanecerá siendo para todas las masas a quienes se ofrece un estado mejor la aspiración que debe cumplirse. No la conocen, pero la adivinan, y cuando llegue el momento de la gran explosión del deseo, de la conciencia de todas las desigualdades y de todos los dolores, palpando en las tinieblas, no pudiendo dar con ese libro, se inventará el Sábado.

La forma monárquica predomina en todo el mundo, hasta el extremo de que las pequeñas Repúblicas que conocemos son superaciones aristocráticas, y en el fondo Monarquías disfrazadas.

El Diablo no podía ser menos que los césares y los reyes. El superlativo expresivo del dominio no tenía una palabra superior y más clara que la palabra rey.

Ese Infierno de los demonólogos tiene además muy poca vida satánica e irreligiosa. Y es que no fué imaginado por elementos eclesiásticos, sino por videntes laicos, juristas la mayor parte de las veces, médicos y sacerdotes que estaban muy lejos de serlo. Las funciones verdaderamente de mala voluntad, de corrupción sobre los hombres, no están muy determinadas en la Monarquía infernal. Se echa de menos en la organización social y política del Infierno la acción contra lo divino y los bienes superiores.

Las funciones sociales están previstas con una perfección que parece haber inspirado a la política y a la administración francesas que han servido de norma para nosotros, por ejemplo.

El imperio diabólico tiene embajadores en diferentes lugares y países de la tierra:

Belfegor, en Francia.

Tanín, en España.

Belial, en Italia.

Rimmon, en Rusia.

Martinet, en Suiza.

Mamnaon, en Inglaterra, etc., etc.

Hay un jefe de cocinas, Crisroch; un gran panadero, Dagon; un gran bufón, Nibbas; un archivero, Baalberith; hay un director de espectáculos, Kobal; un almirante, Leviathan; un ministro de la Guerra, Baal; en fin, hasta un jefe superior de Policía, Nergal, el Millán de Priego para el caso.

El supremo ministro de Justicia es Lucifer, y el ejecutor de las sentencias, Alastor.

Lo concedido a la verdadera impiedad en el mundo infernal es muy poca cosa, felizmente. Es cierto que Asmodeo es superintendente de las casas de juego; que Leonardo dirige las funciones de los sábados; que Caacrinolas protege a los ladrones; pero no se ha pensado en organizar una acción demoníaca sobre los sentidos, sobre las virtudes, contra los Sacramentos y los dogmas, de una manera enérgica, sistemática y con todos los medios de mala voluntad.

Hay pocas diablesas: Astarté, esposa de Astaroth; Proserpina, mujer de Plutón, y Lilith, el árbitro de la lujuria en los débiles, en los viciosos y en los hombres en general, a los que tienta en el sueño, son las diablas más conocidas y mencionadas en todas las historias de brujas, diablos y trasgos.

Pero hay una razón para que no abunden las mujeres en el mundo infernal, y es la facultad extraordinaria, y ordinaria a todos los diablos, de cambiar de sexo. La condición espiritual de los diablos está por encima de la determinación sexual, inherente y necesaria a los seres animales como medio para cumplir el mandato divino de su multiplicación.

Una malicia inocente, una candidez nítida de toda realidad, ha hecho sospechar a muchas gentes que el pecado original del hombre y la causa de su caída no había sido ni más ni menos que cumplir y realizar la unión sexual. Es una mala inteligencia de las cosas, y se comprende la graciosa observación de Ninon de Lenclos cuando, hablando sobre el particular, decía: "En verdad que es original el pecado original."

La serpiente se limitó a entregar a Eva a una curiosidad sin límites, ponderándola el valor y las ventajas que había en comer de la fruta prohibida. "Hacedlo, y seréis como dioses." Eso fué todo. Es absurdo lo contrario y creer que el Diablo, para llevar al Infierno a nuestros primeros padres, según los textos sagrados, les cogiera por el mismo sitio que las mujeres de Aristófanes cogen a sus maridos para evitarles que marchen a la guerra y consoliden la paz de Atenas.

En los primeros momentos de su existencia, lo que menos le interesa al Diablo es la tentación de la carne. Rebelado contra el Sumo Bien, para rivalizar en poder y en grandeza, trata de destruír sus mejores obras, y dirige sus ataques, no a las cosas secundarias, sino de un orden principal. En vez de deshacer el mundo, trastornando la naturaleza, atacando a los animales, cambiando de lugar los montes, secando los ríos, provocando un trastorno geológico, ataca al hombre, que es la obra más grande, más completa y más perfecta que ha salido de las manos del Creador.

Las locuras y orgías del sábado, que llenan toda la Edad Media, después de haber llenado con menos escándalo todos los tiempos pasados, surgen, no como una acción diabólica para la corrupción de las almas, sino como una acción de protesta contra la rigidez moral, contra el asexualismo a que llevan las reglas monásticas.

En cuanto las almas enamoradas del Sumo Bien, aspiran, como término supremo, a una unión, que sólo puede compararse con la unión conyugal, y los claustros, cenobios, monasterios y retiros eclesiásticos se ofrecen como lugares y residencias de las esposas de Cristo, la obra diabólica crea el sábado y la orgía sexual satánica para remedar esas uniones.

La carne por sí misma no es un pecado. Sólo a una mente pervertida, llena de imbecilidad y de un diabolismo superabsurdo, se le podría ocurrir protestar de la indecencia que existe en la venida a la vida de los hombres sin un traje de punto o un pequeño taparrabos.

La dignidad de la carne, que el mundo clásico pagano la elevó al más alto lugar en la vida, haciendo y rehaciendo los cánones de la proporción humana para crear esas maravillosas obras de la escultura primero y de la pintura después, cuando alcanza su superación absoluta, no es bajo el cincel de un Fidias, de un Scopas o de Lisipo, no bajo los pinceles de los grandes pintores, sino cuando el mismo Dios desciende a ella *et Verbum caro factum est*.

La apariencia corporal de Cristo, la negación de su personalidad real y verdadera, de carne y hueso. con sangre en sus venas, fuerza en sus músculos, energía en sus actos, sintiendo las necesidades de hambre y sed, fué una doctrina diabólica engendrada por la envidia natural del Diablo y condenada desde luego por la Iglesia en repetidos concilios,

La suprema tentación no la efectúa el Diablo sobre la carne tampoco. Su obra se dirige, antes que nada, a la misma inteligencia, lo mismo en la humanidad más elevada, cuando toma carne mortal el Hijo de Dios, que en la carne menos llena de espíritu, como en la del hombre salvaje o retrasado en la cultura.

La organización política del estado infernal, planteada desde un punto de vista humano, no responde a las exigencias diabólicas que nos imaginamos.

Adivinado y creado ese Infierno por los hombres mismos, antes que obra real del mismísimo Diablo, sólo merece la consideración de los hombres indiferentes a la verdadera piedad cristiana.

El Infierno, sin constituír estado, sin un régimen político y social, es como se ha concebido por los creyentes y los santos en general. A lo más que se ha llegado ha sido a imaginarlo como un vasto y grandioso establecimiento industrial, donde unas calderas inmensas daban en aquellos instantes de la cultura humana una visión semejante a la que podría lograrse ahora, ofreciendo una de esas ciudades indus-triales llenas de máquinas, poleas, volantes martillos pilones, convertidores de acero, y todo ello en medio de un estruendo sin fin, del jadeo de los ejes y del agitarse de los condena-dos, como obreros que realizasen el trabajo más allá y crear la plusvalía que han adivina-do Marx y los definidores del socialismo.

Pero el Infierno se rige y se gobierna por un principio de autoridad y de orden; y en esa principio descansa su verdadera acción: el contrario al derecho humano.

Cuando en la filosofía del Derecho de los primeros momentos las ideas de Justicia, De-recho y Estado se hacían derivar directamente de la voluntad divina, haciendo del hombre un sujeto a tutela, las protestas contra la sujeción y cumplimiento de las normas jurídicas eran sencillamente pecados antes que transgresio-nes de la ley. El régimen penal no era ni más ni menos que una exteriorización de la peni-tencia, y toda la filosofía penal quedó reducida a un castigo a los diablos por medio de los hombres que los soportaban o albergaban en su cuerpo.

Una multitud de libros, que ahora nos pa-recen supersticiosos y divertidos por demás, *Martillos, Flagelos, Azotes,* escritos por los inquisidores y los jueces eclesiásticos, no tenían más finalidad que la exposición penal de las infracciones humanas a la ley de Dios.

En realidad, el Infierno se había trasladado a la Tierra, y humanizados los diablos, se les castigaba como si fueran hombres, siendo, naturalmente, la pena mayor la del fuego. La Inquisición ha consumido en todo el mundo más leñas y calorías que las necesarias para la extinción de la obra de Dios.

En la parte activa y de orden, de disposición y ordenamiento social, las sociedades seguían una política más diabólica que cristiana. Pero de un diabolismo verdad, como el que no han visto los que han trazado el esquema de la monarquía infernal, en la que se ha llegado a indicar para humanizarla, más todavía, la existencia de la *Orden de la Mosca,* parodia de la del Toisón de Oro y de todas las Ordenes de Caballería, y que no tiene de diabólica más que la sátira que ha presidido su ficción, como burla de la exaltación caballeresca patrocinada por la Iglesia, desde su influjo político por obra de las Cruzadas.

La constitución política y social del Infierno no es así, es de un otro modo muy distinto, siendo revelaciones de cómo son las malas constituciones de los pueblos y las máximas de gobierno de los definidores más equivocados y fervientes enemigos del género humano.

El Infierno se rige por un principio monár-

El Príncipe de las Tinieblas, según una miniatura del Santo general.
(MS. del siglo xv.—Bib. N. de París.)

quico que es la sublimación de una anarquía sin límites. Si ha de oponerse como Estado al Estado de Dios, del que es una colonia la tierra concedida a los hombres, su régimen tiene que someterse a un principio de unidad. ¿Pero es ese régimen el que conviene a los estados humanos? Desde luego, parece que no. La Divina Providencia, dejando un régimen autonómico a los hombres para que se rijan según las infinitas y diversas condiciones de los mismos, ha colocado sobre la tierra un Vicario para los asuntos espirituales, que es el Pontífice; pero en conjunto, todo el planeta no se encuentra sometido a una sola autoridad para todas las actividades.

La concepción de una suprema autoridad personalizada, individualizada, irresponsable para todas las acciones y determinaciones que puedan emanar de ella misma, es una obra diabólica. Y así todas las manifestaciones imperiales que han aparecido en la historia han sido vencidas por la misericordia infinita al derrumbarse y caer para mayor tranquilidad de los hombres.

La *Política de Dios,* de D. Francisco de Quevedo, se traza precisamente (1626), cuando el mundo cristiano, lleno de representaciones diabólicas en el gobierno de los Estados, ha sublimado el ideal autárquico, haciendo de los reyes un remedo del Diablo con la apariencia de un reflejo de Dios.

Ciertamente es el Diablo un jefe de Estado; pero no de un Estado como los demás Estados de la Tierra, sino de un Estado que es parodia del divino y que en nada se parece a lo que deben ser los Estados humanos.

Lejos de tener el Diablo esas angustias que experimentan y sufren los reyes con las crisis que en sus Gobiernos provocan el enojo de los pueblos o la inhabilidad de un ministro, no experimenta ni sufre contrariedad alguna que por sus servidores le venga, sino de él mismo, porque él solo es quien rige y gobierna la monarquía infernal, donde por un *summum* de humanismo puede conceder las aparentes prerrogativas de un régimen constitucional progresivo, abierto a todas las iniciativas, libre, feliz y dichoso; pero con los cuerpos colegisladores cerrados, la miseria en los gobernados y suspendidas todas las garantías que su gran munificencia ha consignado en la constitución o jurado respetar al ceñirse la corona.

Unico y unipersonal el Diablo, no necesita ni de Estado social ni de delegados de su poder para el ejercicio de sus funciones. No podría soportar su propia acción ejercida por otro. Meticuloso, exigente, desconfiado del propio éxito, no puede delegar en nadie la realización de sus propósitos. Es un emperador de un imperio que no tiene más límite que los propios y adecuados que le permiten su actividad. El es su Estado. La frase es de Luis XIV; pero la inventó el Diablo.

CAPÍTULO V

HIJOS Y ENCARNACIONES DEL DIABLO

Los íncubos y los súcubos.—Hijos sin padre e hijos sin madre.—Merlin.—Los señores de Vizcaya.—Melusina. El incubato primitivo.—El Anticristo.—Los amores fríos del Diablo.—Los pecados de amor, obras del Diablo.—Los amores malditos.

El Diablo es un espíritu puro que puede tener hijos, lo mismo siendo padre de ellos que dándoles a luz como una madre mortal.

Autores respetables, santos, profanos, laicos y sacerdotes, Papas, en fin, como Inocencio VIII en su bula *Summis desiderantes* (9 diciembre de 1484), confirman la existencia de diablos íncubos y súcubos que perturban a las gentes cristianas realizando uniones demoníaco-humanas que colocan en la realidad nuevos seres aparentemente reales y en ocasiones realísimos y verdaderos (1).

Estos hechos no han aparecido en el mundo

---

(1) Véase el *Apéndice.*

con el Cristianismo. En el mundo pagano nos textifican las historias que algunos héroes fueron hijos del Diablo, ya por parte de su padre ya de su madre. Esquines, el famoso orador; Alejandro Magno, Rómulo y Remo, Scipion 'el Africano, el emperador Augusto, y después de la venida de Cristo, se ha dicho que el mismísimo Lutero también fué hijo del Diablo.

Los antiguos rabinos colocan ya en el Paraíso dos demonios íncubos y súcubos. Samael el íncubo de Eva que engendra a Caín, y Lilith, el súcubo de Adán, que dulcifica los desvíos de Eva dándole una prole de diablos que, al unirse y sumarse con los que engendró Samael, después de Caín, promovieron la corrupción del género humano, determinando la producción del diluvio universal.

En tiempos históricos más recientes, la realidad de los casos de incubato y sucubato está plenamente confirmada por grandes y respetables autoridades. En el siglo xvi, una multitud de brujas y hechiceros que habían tenido comercio con los diablos, ya como mujeres o como hombres, fueron condenados al fuego, incluyéndose entre las víctimas a criaturas de doce y catorce años.

Santo Tomás, San Agustín, nuestro celebérrimo Suárez; más cerca de nosotros el cardenal Bellarmino, San Alfonso María de Ligorio y Bizuard, a fines del pasado siglo (*Des rapports de l'homme avec le demon* (6 vol. in 8.º, París, 1863-1864), confirman la existencia de esas uniones y resultados. "Esas historias —dice Bizuard—, lejos de ser fabulosas, tienen toda la autenticidad que les pueden dar un procedimiento instruído con todo el celo y el talento que podían poner en ello magistrados esclarecidos y conscientes."

El P. Debreyne, trapense, y antes de ello excelente médico, en su magnífico *Ensayo de teología moral* (París, 1843, in 8.º), cree que se trata únicamente de los efectos de una pesadilla.

En algunos casos es posible que tenga razón el celebrado teólogo; pero en otros hay pruebas de que se trata de una verdadera realidad.

El Diablo realiza los casos de incubato y sucubato por maneras que no son muy naturales y humanas; al fin y a la postre es siempre Diablo. El resultado de su aproximación a un hombre o a una mujer, desde luego es humano, y, salvo pequeños e insignificantes detalles, el nacimiento del nuevo ser tiene todas las condiciones de una realidad humana y natural, salvo su generación.

Lo habitual en semejante práctica es que el Diablo tome carne mortal y remede la encarnación del Hijo de Dios. Tal es, al parecer, el propósito de semejante obra; pero en vez de tomar carne mortal, conservando los atributos y facultades que le son propios como ángel, el producto es puramente humano en cierto modo, sin que pueda denominarse encarnación satánica. La acción no la efectúa el Diablo con un fin social y contra la fe, el dogma, la Iglesia o el poder de Dios, sino contra un individuo determinado, a quien enga a simulando una media naranja que no existe.

Salvo los casos más conocidos y que por cierto se colocan entre las fábulas, como el origen de Merlín, hijo del Diablo y de una monja hermana de Carlomagno, el ya indicado de Lutero y algún otro, los resultados de esas nupcias, mitad demoníacas y humanas, no suelen ser viables. Crear un linaje no es lo frecuente Entre nosotros tenemos, sin embargo, un caso excepcional. El piadoso padre Nierenberg refiere haber hojeado una crónica del conde don Pedro, "diligente autor", donde se dice que los señores de Vizcaya (López de Haro) vienen de una mujer que tenía el pie de cabra. Es decir, que da cuenta de un caso de sucubato, interesante para nuestra historia. (*Curiosa filosofía,* lib. III, cap. 15.)

El caso de sor Magdalena de la Cruz, en 1545, abadesa de un convento de Córdoba, tampoco puede pasar inadvertido, aunque no tuviera productos viables. El hecho fué que confesando haber tenido tratos con el Diablo durante treinta años bajo la apariencia de un moro negro y robusto, logró del papa Paulo III la absolución al arrepentirse de su pecado.

Desentenderse de la tentación es seguramente el mejor remedio.

Una vez una joven, desnuda, se metió en la cama de San Bernardo mientras dormía. Notándolo el santo, cedió en silencio la parte que ocupaba en el lecho, y volviéndose de espaldas se quedó dormido.

La desgraciada tentadora, viendo inútil su obra, avergonzada de sí propia, saltó de la cama y dejó al santo solo.

Este hecho, referido por Voragine, no es ni más ni menos que uno de esos casos de incubato en que el Diablo sale perdiendo, porque no se presta atención a su obra.

Los espíritus íncubos o súcubos no actúan, además, constantemente bajo formas humanas. A San Antonio le tentó el Diablo una vez, presentándose como un perro lúbrico. Tentación que el santo rechazó con la mayor energía.

Hay también casos de incubato y sucubato, que sin aproximación material ni contacto de carne, los produce el Diablo de una manera espiritual y curiosa. Uno de ellos, típico, lo recuerda así el ya citado padre Nierenberg: "Luis

Vives cuenta que en Flandes un hombre que hizo en una fiesta pública un demonio, volviendo a su casa antes de quitarse aquellos vestidos, tuvo que ver con su mujer diciendo, por burla, que quería engendrar un Diablo. Con este espanto la mujer parió un niño con figura de Diablo." *(Curiosa filosofía,* lib. II, cap. 16.)

En otras ocasiones, el íncubo o el súcubo toma una apariencia animal, adquiriendo el hecho todo el carácter de un delito contra natura, bestial. Es el caso de Melusina, la famosa hada mitad mujer, mitad sirena, la esposa de Raimundo de Lusiñán.

La apariencia toma a veces formas y presentaciones más groseras, donde pueden adivinarse esas exaltaciones del animal útil a la tribu o al clan que se eleva a la categoría de Dios y que vemos aparecer en el estudio positivo de las religiones comparadas como uno de los primeros peldaños de la forma religiosa: el totemismo; esto es, el culto y veneración a un animal o a una planta; pero más determinadamente a una forma animal que da el nombre a la tribu: el caballo, el perro, el gato, el águila, el chacal o el asno. Esas relaciones bestiales, fingidas o realizadas en las edades más remotas por efectuarse en sociedades donde el matriarcado era la forma predominante de la constitución social, por la más cierta seguridad de la descendencia, la condición más productiva de la mujer, que aparentemente lo era más que el hombre, se efectúan siempre entre la mujer y la bestia.

Es decir, que a lo lejos, lo que predomina es el incubato.

El totem de la serpiente, del toro, del águila, del oso, en las leyendas más antiguas de los pueblos, es siempre el padre de los héroes. Y cuando el totem se ofrece con caracteres de maternidad, lejos de una exaltación del animal de la tribu, lo que aparece es la obra de un diabolismo provocado por el hombre o realizado directamente por el Diablo.

La causa que ha motivado todos los pactos demoníacos, como veremos muy pronto, no ha sido, generalmente, más que la posesión de una mujer; y así son hombres y no mujeres los que mayor número de pactos han celebrado con el Diablo.

Hay un incubato que le interesa sobremanera al Angel caído; es el que puede secundar la obra de la redención humana, parodiándola. Fuera de ése, los demás los ayuda y favorece el Diablo, por lo que gana con la conquista de las almas pervertidas, que transforma de ese modo; es decir, que quiere transformar, de *particelas* de Esencia Divina, e incorporar a la suya para continuar luchando.

La corrupción del hombre por el hombre mismo no es la finalidad de la obra diabólica. Su aspiración es luchar directamente con el Sumo Bien. Corrompe al hombre porque es la obra más perfecta del Hacedor; pero quiere incorporarse, comer, tragar, deglutir las almas para arrebatar a Dios esa parte divina que hay en los más desventurados e impíos de los hombres.

El supremo ataque, la creación del Anticristo ha sido anunciada repetidas veces, por fortuna sin realidad. Se creyó por el obispo Florentino, de Florencia, que el Anticristo aparecería en 1105; algo después, un tal Joaquín lo anunció para 1260. El papa Gregorio IX llegó a creer que lo era Federico II, en 1234. Arnaldo de Vilanova señaló su llegada para 1326. Un tal Venner, entusiasta de Cromwell, dijo que vendría en 1660, y Mr. Agier dió en el siglo pasado el año 1849 como la fecha exacta de su aparición.

Repugna que un espíritu puro pueda engendrar carne mortal, colocándola en el mundo como padre o dándola a luz como madre. La apariencia carnal del Diablo, firmemente sostenida por el mismo Diablo, pero falsa siempre, aunque se haya dejado coger por las narices, agarrar por el rabo, traspasar por una espada o sufrir mil heridas y golpazos, no es ni más ni menos que una apariencia y remedo de la obra divina.

Sólo Dios puede hacer carne.

La realidad del incubato y del sucubato pasan así a la categoría de imaginaciones y sueños. Sin embargo, hay hijos de súcubos y de íncubos señalados y reconocidos en la historia, aunque hayan tenido corta existencia. Hijos sin padre o sin madre no podían serlo de ningún modo, e hijos del Diablo como padre o ccmo madre, menos, aunque se haya apelado a proveer al Diablo de órganos adecuados para la generación y alumbramiento, haciéndole un hermafrodita fecundo.

Eso es absurdo, y en el fondo no es más que una consecuencia del concepto sexual del pecado original, muy "originalmente" considerado.

La generación, por sí misma, no es un pecado: es la finalidad del amor, que es la sublimación del espíritu.

Pero no cumpliría consigo mismo el Diablo si no atacase la función más augusta del hombre, corrompiéndola y manchándola con su maldad. Y ahí está la razón y la realidad del incubato y del sucubato como corrupciones diabólicas de la generación humana.

Todas las víctimas del maleficio sexual diabólico se han quejado siempre de la frialdad característica de la semilla generadora. Es decir, que han atestiguado siempre la realidad de un acto fuera de la norma natural. La intervención del Diablo fué, así, evidente para los eclesiásticos y los jueces que intervinieron en las causas de hechicería, tan frecuentes en ctros tiempos.

Esa evidencia no ha podido satisfacer a muchas gentes que desean una exposición concreta, documentada y práctica de los hechos. Aunque se llegase a sostener y a señalar gráficamente sobre el cuerpo humano, no ya por los místicos cristianos, sino por los mismos teósofos independientes, la región infernal y el Infierno mismo desde el ombligo hasta el comienzo de las piernas, la operación diabólica quedaba inexplicada por un exceso de explicación, haciendo de la generación de los seres un pecado en todas las circunstancias.

¿Cómo entraba, cómo puede entrar el Diablo, pues, en el santuario del amor? Pues de la misma manera que se relaciona con el hombre: con su espíritu.

Un pensamiento, una palabra, valen más que todas las acciones posibles, porque pueden continuarlas o proveerlas de hecho. Un hombre muere porque otro ha dicho: "¡Mata!" Otro hombre vive porque alguien ha dicho: "¡Basta!"

La acción diabólica consiste en provocar el acto. No siendo el acto justo, necesario, perfectamente humano; esto es, lleno de naturaleza y divinidad, el acto es malo, diabólico.

Las violaciones, los estupros, los adulterios, todos los delitos contra la honestidad, corrupciones del entendimiento que se ejecutan sobre la carne, no son más que incubatos y sucubatos perfectamente definidos, cuyos resultados perceptibles, por desconocer su naturaleza, extrañan a ias gentes.

El Diablo no ha necesitado jamás celebrar nupcias con el hombre para crear otros demonios; le basta con tentarle para que ejecute sus ecciones fuera de las normas de naturaleza y divinidad.

Hay anticipaciones y adulterios que positivamente no lo son más que por las leyes humanas. El Diablo no toma parte en ellos, y los ángeles se sonrojan sonriendo.

"Los dioses y los héroes—dice Michelet—han sido engendrados en el más alto amor voluntario."

Almas y almas humanas, llenas de naturaleza y de divinidad, tienen todos los seres que vienen a la vida. Sólo las da el Sumo Bien. ¿Cómo habría de prestarse a infundirlas a cuerpos que procediesen del Diablo? El Señor se las da a todos los hijos, excelentes, buenas, con el pecado original que humanamente tienen, y la chispa necesaria para su redención. Los padres pueden entristecerlas para toda la vida, por haberlas pedido contra la ley del verdadero amor; pero podrán redimirse y ser gloriosas por sí mismas, así como conservar y escoger el primer influjo del Diablo, si con violencia, infamia y hasta vergüenza para los padres, se les puso en la Tierra.

El incubato y el sucubato es la entrada del Diablo en el Paraíso del amor; pero no ha logrado aún el Diablo crear el gran hijo de su obra, que según místicos y videntes de gran autoridad, pondrán en la vida, como señal de los tiempos y realidad del Anticristo, un sacerdote y una monja sacrílegos, incestuosos y animados del propósito de engendrarlo.

Los amores malditos son obra de los íncubos y súcubos.

Las nupcias soñadas por el deseo han creado las larvas.

Y esas realidades existen.

CAPÍTULO VI

EL PACTO

Vicio jurídico del pacto.—San Teófilo (amante de Dios) celebra el primer pacto con el Diablo.—Santos y Papas que celebran el pacto.—Los pactos de los seglares.— Los pactos en el siglo XVII.—El pacto de Fausto.—El misterio de la sangre.

Afirmada la existencia del Diablo y comprobados su poder y su influencia, lo menos que podía ocurrir era reglamentar las relaciones entre el hombre y la potencia infernal. ¿Cómo, de qué manera? Por una formalidad de derecho, perfectamente clara: el pacto.

La apelación al Diablo no puede ser más que en último recurso. Así ha ocurrido siempre, y sobre ese punto inicial descansa el vicio de origen de ese estado de derecho entre el hombre y el Diablo. Lejos de realizarse en perfecta libertad por una y otra parte, de hecho el hombre va empujado a la formalidad jurídica sin solicitación del Diablo, no siendo, realmente, un convenio equitativo, sino una compraventa usuraria, en la que el hombre representa siempre el papel de víctima.

El Diablo pone un precio único y uniforme a todos los productos que se le someten al cambio: el alma. Lo que ofrece por ese precio es el triunfo de la voluntad del hombre, demasiado débil en todos los casos al recurrir a un auxilio.

Sea como fuere, la realidad del pacto surge mucho después de haber obrado el Diablo por cuenta propia y sin auxilios humanos en la sociedad cristiana. Hasta el siglo vi no hay, realmente, noticia del pacto con el Diablo.

Es curioso que el primero que lo realiza es un amante de Dios, según se le designa comúnmente: San Teófilo.

Su historia nos la ha conservado Eutiquio, si bien hay señales de haberla arreglado muy posteriormente a su primera redacción.

Teófilo desempeñaba en la iglesia de Adana, Cilicia, las funciones de ecónomo o administrador, con celo y caridad ejemplares. El obispo, que le había dispensado toda su confianza, murió, y los sufragios del clero y de los fieles designaron al caritativo ecónomo para ocupar el puesto del difunto; pero lleno de humildad, creyéndose indigno de ocupar aquel puesto, renunció al cargo; se efectuó nueva elección y escogieron a un compañero.

Los familiares del nuevo obispo le previnieron contra el humilde ecónomo, y éste abandonó el cargo, retirándose a la soledad, disgustado primero, enojado después y herido, finalmente, en su amor propio.

La idea de rehabilitarse se apoderó de él, y acudió a un judío para solicitar por su intervención el medio de vengar su agravio.

—Bien; venid mañana—le dijo el judío—; pero no hagáis la señal de la cruz.

Al día siguiente llegó y apareció ante sus ojos una asamblea de personas vestidas de blanco, con antorchas, presididas por una especie de rey, sentado en un trono: era el Diablo.

—¿Qué quiere este hombre?

—Señor—contestó el judío al rey de los infiernos—, víctima de las prevenciones de su obispo, reclama vuestro auxilio.

—¿Y cómo voy a socorrer yo a un hombre que sirve a Dios? Si quiere ponerse a mi servicio y entrar en mi ejército, que cuente conmigo.

El sacerdote asintió a las palabras del Diablo, aceptando desde luego las condiciones que fueran, siempre que acudiera en su ayuda.

—Pues bien, reniega del Hijo de María y de María misma, que me son igualmente odiosos. Hazme un escrito de ello y después pide.

Así lo hizo Teófilo, sellando con un sello el pacto, entregándoselo al Diablo.

Al día siguiente, el nuevo obispo llamó, en efecto, a Teófilo, y con gran pompa, ante el pueblo y los demás sacerdotes, le reparó en su puesto, confesando públicamente haberse equivocado. Pero Teófilo, lejos de su pasada modestia y humildad, se tornó soberbio e impetuoso, con asombro de todos. Mas Dios le tocó en el corazón un día, y sintiendo el santo la gravedad de su compromiso, lloró, se arrepintió, ayunó, maceró sus carnes, y la Virgen misma le consoló, perdonándole su falta y devolviéndole una noche el pacto que había firmado con el rey de los infiernos.

San Teófilo confesó su pecado ante el pueblo y se consagró a una penitencia constante hasta el término de su vida.

Esta leyenda de Eutiquio, muy posterior a los acontecimientos que refiere, inventada para fortalecer el culto a la Virgen, como tantas otras, tiene su antecedente en la historia de San Cipriano de Antioquía (250-304 de J-C.), de la que han salido las leyendas del Fausto.

En el Martirologio atribuído a Nokerio (820-912 de J-C.) se refiere, en síntesis, la historia. El estudiante Aglaide, de Antioquía, perdidamente enamorado de la bella Justina, ofrece al mago Cipriano dos talentos de oro si por medios infernales llega a ponerla en sus manos. Cipriano recurre al Diablo y la virtud de Justina triunfa sobre todos, saliendo, no sólo ilesa, sino conquistando para el mundo cristiano al propio alcahuete, que, convertido, llega a ser santo.

Y lo curioso es que uno de los grimorios más acreditados en la Edad Media, sobre todo entre nosotros, es el famoso *Libro de San Cipriano,* atribuído al santo, y en el que se ofrecen, *entre otras fórmulas, las del pacto.*

Verdad es que otro grimorio de los más famosos, el de Honorio II, se atribuye a un Pontífice, y que han sido tachados de brujos, entre otros Papas, Benito VIII, Benito IX, Juan XXI, Juan XXII, Gregorio VII y, sobre todos, el monje Gebert, más tarde Silvestre II, a quien la misma leyenda eleva al Pontificado por pacto con el Diablo.

Con el recuerdo del pacto de Gil de Vaocel, que ilustra la Orden de predicadores, quedan consignados los más célebres pactos demónicos de personas dedicadas a la Iglesia, y que en los primeros momentos de las relaciones jurídicas con el Diablo, fueron los que dieron la pauta para celebrar el contrato.

Sintiendo un amor desordenado por la ciencia, partió de Coimbra para París Gil de Vaocel, encontrando en su camino un extraño viajero, que, informado de su deseo, le aconsejó se detuviera en Toledo, donde podría colmarlo mejor que en ninguna otra parte. Así lo hizo, y en la capital castellana, Roma de la Cábala y del Ocultismo, se inició en los grandes arcanos, firmando con su sangre el compromiso de entregarse, durante siete años, a discreción de su maestro, asegurándose, en cambio, sobrepasar a los más hábiles en su arte. Siguió su viaje a París y sorprendió, efectivamente, a los más sabios; mas vencido por la divina gracia, corrigió su vida y tomó el hábito de Santo Domingo. Pero ¿qué valía aquella nueva vida, si el Diablo tenía en su poder el pacto firmado en Toledo? Gil recurrió a la Virgen, y la madre del Señor le devolvió la infame cédula, tranquilizando al pobre dominico.

A partir del siglo XIII, la finalidad de los pactos es menos intelectualista.

Y es probable que los pactos realizados por un fin de soberbia y deseo de cultura hayan sido muy posteriores a lo que se dice. Pero antes, entonces, en aquellas edades, ¿cómo podía explicarse la posesión de un saber superior al del resto de los mortales, sin considerarlo como una obra diabólica? Roger Bacon, lleno de saber y de ciencia, que prefería explicarse los fenómenos naturales por leyes físicas antes que recurrir a auxilios y socorros teológicos, fué denunciado así al general de los capuchinos, Jerónimo Ascoli, en 1278, como un réprobo que había celebrado pacto con el Diablo, y, en consecuencia, fué condenado a prisión perpetua, sin escuchar sus exculpaciones.

La acusación de magia contra Silvestre II, probablemente no descansa sobre más serio fundamento, aunque la hayan formulado Martín Polonio, dominico, y Bartolomé de Sacchi, bibliotecario de Sixto IV.

Después de las personas religiosas celebran el pacto los seglares, notables y conocidos únicamente cuando ocupan una posición eminente, siendo su saber una amenaza para el prestigio de los religiosos, menos ilustrados que las víctimas en este caso.

Entre nosotros, teniendo aquí la gran universidad de la magia, de la cábala y del demonismo como herencia judaica, no podían faltar ejemplos de esos pactos de soberbia, pero teñidos por el sol de aspiraciones carnales. Célebres fueron así los procesos contra el marqués de Villena (1384-1433) y el licenciado Torralba (1501-1542), supuestos en connivencia con el Diablo para conseguir la ciencia, el amor y la inmortalidad.

Pero ni esos pactos ni otros de mayor interés han llegado a nuestros días.

Fuera se conservan mejor las cosas, y por eso podemos leer todavía los pactos de Luis Gauffridi (1610) y de Urbano Grandier (1634), aquellos dos sacerdotes que no se sabe si querían acabar con las ursulinas o multiplicarlas y extenderlas por todo el mundo.

En el primer caso, las partes contratantes son concisas; en el segundo, hay más previsión, más cumplimiento de las formalidades legales, como si los veinte años que median entre uno y otro documento señalasen un progreso.

El pacto de Gauffridi dice así:

"Yo, Luis, sacerdote, renuncio ahora y por siempre a los dones espirituales y corporales que he recibido de Dios, la Virgen y todos los santos, especialmente de mi patrono San Juan Bautista, los apóstoles Pedro y Pablo y San Francisco. Y a ti, Lucifer, presente, me entrego con todo lo bueno que pueda hacer, obligándome a desempeñar mal los Sacramentos cuando los administre. Todo lo cual firmo y prometo."

La parte del Diablo es más breve:

"Yo, Lucifer, concedo a Luis Gauffridi,

sacerdote, la facultad y poder de embrujar con el aliento a cualquier mujer o moza que desee. En prueba de lo cual lo firmo, yo mismo. Lucifer."

Urbano Grandier se compromete más.

"Amo y señor Lucifer: Os reconozco mi dios y mi príncipe y prometo serviros y obedeceros mientras viva.

"Renuncio a otro Dios, como a Jesucristo, a los santos y santas y a la Iglesia Apostólica y Romana, a sus Sacramentos y a todas las oraciones y preces que los fieles pueden impetrar por mí.

"Prometo hacer todo el mal que pueda y que los demás lo hagan.

"Renuncio al crisma, al bautismo, a todos los méritos de Jesucristo y de sus santos; y si dejo de serviros, adoraros, y no me postro ante vos una vez al día, os doy mi vida como vuestro bien. Urbano Grandier."

El Demonio le entrega, en cambio, esta cédula:

"Nos, Poderosísimo Lucifer, juntamente con Satán, Belcebú, Leviathan, Elioni, Astaroth y otros demonios, hemos aceptado hoy el pacto que Urbano Grandier nos ha enviado.

"Y le prometemos el amor de las mujeres, la flor de las vírgenes, el honor de las monjas,

Pacto de Urbano Grandier con el Diablo.
(Facsímil del resguardo de Grandier. Está escrito, naturalmente,
al revés, y puede verse con un espejo.)

los placeres y las riquezas. Fornicará cada tres días.

"Le será grata la embriaguez. Una vez al año nos ofrecerá un presente firmado con su sangre; pisoteará los Sacramentos de la Iglesia y nos dirigirá sus oraciones.

"Por virtud de este pacto, vivirá veinte años feliz sobre la tierra, viniendo en seguida entre nosotros a maldecir a Dios.

"En los Infiernos, en el Consejo de los Demonios, Lucifer, Belcebú, Satán, Elioni, Leviathan, Astaroth.

"Visado con la asignatura y el sello del Diablo Amo y de nuestros señores los demonios príncipes.

"Contrasignado: Baalberith, secretario."

Estos documentos tan absurdos no pueden ser reídos. Los tribunales los aceptaron como pruebas y fueron condenados dos hombres, enfermos, locos, endiablados; pero dos hombres al fin.

Semejantes pactos no tienen más valor que el documental de su época.

Indudablemente el hombre, los hombres apartados, alejados del Señor, desesperados, han recurrido al Diablo y han pactado de un modo formal su compromiso. La idea del contrato diabólico es demasiado antigua para sospecharlo así; la debilidad del hombre, bastante considerable para creerlo posible, y en veneración a una norma, suficiente para creer que en tal caso se ha sometido a una regla.

El pacto es una cosa humana. El Diablo no ha podido inventarlo. Hoy, ayer, desde que el hombre le ha enseñado al Diablo ese camino de su debilidad, lo acepta y lo solicita. Lo exige.

Mefistófeles, en su primera entrevista con Fausto, acaba por decirle: "Sólo me falta advertiros una cosa, a saber: que en nombre de la vida o de la muerte, exijo de vos unas líneas."

Fausto, en el colmo de su asombro, no puede menos de decirle lo que diría cualquier hombre razonable y cristiano: "¡Cómo! ¡Nunca hubiera creído que llegase tu pedantería hasta el punto de pedirme un escrito! ¿Es posible que conozcas tan poco al hombre y que no sepas lo que vale su palabra? ¿No basta el que yo haya pronunciado aquélla que para siempre dispone de mi vida? ¿Crees que en medio de la tempestad que agita y hace retemblar al mundo sobre sus cimientos pueda nunca obligarme una palabra escrita? ¡Qué quimera tan arraigada en nuestros corazones! ¿Quién intentaría siquiera evadir su cumplimiento? Dichoso aquel que conserva pura la fe en su seno, por no serle costoso ningún sacrificio. Pero un pergamino escrito y sellado, es un fantasma para todo el mundo, y, sin embargo, la palabra expira al transmitirla la pluma, no quedando más autoridad que la del pergamino. ¿Qué quieres de maligno espíritu, bronce, mármol, pergamino o papel? También dejo a tu elección si debo escribirlo con un estilo, con un buril o una pluma" (1).

Hasta aquí el pacto como lo ha recogido de la tradición y lo ha historiado artísticamente Goethe.

El verdadero texto del compromiso, menos estético y más dentro de la legalidad, se ha ofrecido no pocas veces como sigue:

"Yo, Juan Fausto, doctor, manifiesto cuanto sigue escrito de mi puño y letra. Queriendo escrutar los elementos y viendo que las facultades pródigamente concedidas por el cielo no son suficientes para penetrar en la naturaleza de las cosas, y que por los demás hombres tampoco puede saciarse mi deseo, me entrego a este espíritu presente, servidor del Infierno, llamado Mefistófeles, para que me enseñe lo que deseo saber, estándome sometido y obediente, como promete para el caso. Por mi par-

---

(1) GOETHE: *Fausto,* part. I.

te, yo prometo que pasados años, a partir del día de hoy, dejaré que haga de mí, de mi alma, de mi carne, de mi sangre y de mis bienes lo que quiera y por la eternidad. Y para tal fin, yo reniego de todos los seres, así de la tierra como del cielo, en fe de lo cual lo escribo y rubrico con mi propia mano y mi propia sangre."

El Diablo no ha inventado el pacto, ha sido el hombre; y el hombre lo ha dado una formalidad que al Diablo le satisface, porque es eminentemente mágica.

En los grimorios se dice que debe escribirse sobre un pergamino virgen.

Goethe, bien enterado de la psicología del Diablo, hace que Mefistófeles conteste al asombro de Fausto:

"¡Cuánta palabrería! ¿Por qué te has de exaltar de ese modo? Basta un pedazo de papel... cualquiera, con tal que escribas en él con una gota de sangre."

He ahí todo el misterio y la realidad del pacto. Hay que dar una gota de sangre. Es lo que se da para la generación de la carne, y es lo que se da para la proyección de las ideas.

Un contrato diabólico, un pacto demoníaco escrito ahora sobre papel de la paloma, la filigrana de la curia romana, trazado con una máquina Yost, certificado con la impresión digital del pobre desesperado, no tendría, seguramente, eficacia para el Diablo, ni llegaría a sus regiones quemándolo después, como es práctica seguida en tales casos.

Lo único real de toda esta acción diabólica es la transfusión de sangre, porque el pacto, como tal pacto, invención jurídica humana, y como humana inasequible al Diablo, sin sangre, no es lo que el verdadero pacto es y significa: un misterio de generación.

En los cultos de iniciación más primitivos, los cultos de la pubertad en los pueblos más retrasados, como en los cultos de paz y alianza, se efectúa siempre la transfusión de sangre, no porque no basten la palabra, ni los presentes que se cambian las partes contratantes, sino porque vacunándose mutuamente sospechan que engendran dentro de sí la paz futura como si hubiesen efectuado unas nupcias. Es el recuerdo de una eucaristía que ha sido antes una antropofagia, no por el fin de realizar un crimen, sino de participar de la misma naturaleza, de adquirir y poseer las mismas propiedades.

Con la palabra, con el propósito, sólo recibiría el Diablo una parte del hombre que podría perder muy pronto. Con su sangre recibe sobre sí como el germen que, fecundado por él, pone en la realidad inmediata ante el contratante el hijo que con el Diablo ha creado.

Todos los filtros han tenido por base la sangre cuando han querido hacerlos eficaces.

Es la sangre de la víctima, más que la misma figura de ella, lo que atormenta al asesino día y noche, lo que le lleva a volver al lugar del delito para limpiarla, para borrarla, para que desaparezca del suelo, para que no exista en ninguna parte y no pueda presentarse nunca a su recuerdo.

La Redención se hizo con sangre para que llegase a todos los hombres; y con ella se ha hecho de una vez para siempre y para todos los hombres un bautismo universal.

Nuestra sangre tiene la sangre que entregó el Cristo a los hombres en el Gólgota. Y como El nos la dió y la recibimos nosotros, damos y recibe la nuestra el Diablo en el pacto. Y eso es lo que no hay que hacer.

CAPÍTULO VII

EL TRIDENTE DEL DIABLO

La falta de memoria, primer pecado.—Tentación, obsesión y posesión.—La tentación y la ignorancia.—Las manzanas del Paraíso.—Job y San Antonio.—La tentación como prueba de la existencia del Diablo.

El Diablo tiene un tenedor, un tenedor mágico, de tres puntas, adaptado para pinchar al hombre antiguo, vulnerable en las tres potencias que se le reconocieron en lo pasado: memoria, entendimiento y voluntad.

La caída del hombre es una aminoración de sus facultades, de sus potencias, y la obra suprema del Diablo es, sencillamente, producir esa debilidad que de un modo irremisible nos conduce al pecado, y repitiéndolo o agrandando su mancha, a la condenación del alma.

Los tres actos de la acción diabólica sobre el hombre, tentación, obsesión y posesión, arrancan de un desplazamiento que el Diablo procura matando primeramente la memoria humana, llenando el ambiente del hombre con su figura cuando se le aparece de una manera sensible y ocupando toda la masa encefálica como idea, incluso esa parte cortical donde prevén algunos fisiólogos que están todas las reservas para el futuro desarrollo de la inteligencia.

La tentación diabólica es una oclusión parcial de la conciencia cristiana; una enfermedad de la atención, si el hombre la contrajera de una manera absolutamente involuntaria y no pusiera de su parte lo que hay en él de caído, de pecador ingénito.

El Diablo tienta procurando satisfacer un deseo que el hombre no *entiende* bien, ni quiere satisfacer con el *debido y justo esfuerzo* que para realizarlo es preciso.

Es tan agradable dejarse arrastrar por el menor esfuerzo, no analizar, no entender las cosas, no hacerlas empleando el tiempo que requieren, que, olvidando el entenderlas y el camino que ha de seguirse para realizarlas, una pérdida de memoria nos coloca en las manos del Diablo la mayor parte de las veces.

Las tentaciones tienen así un carácter un poco ilusorio, y no explicando casi nunca los santos y los bienaventurados las circunstancias en que fueron tentados, parecen en ocasiones fenómenos nerviosos, alucinaciones, ramalazos de locura o señales de desequilibrio.

Efectivamente, se dan como demencias de falta de carácter. El hombre se empequeñece en la tentación, fascinado por una parte muy pequeña que toma como toda la realidad. "Esto, nada más que esto": he ahí el razonamiento sin razonar que se hace a sí propio el tentado, abandonando el mundo entero por una partícula.

La tentación pura la sufren así con más frecuencia las personas poco hechas, las más ignorantes, las más instintivas o las que se han limitado a sí propias, reduciendo su actividad.

La disculpa de Eva es la disculpa universal de todos los pecadores tentados: "¡No he sido yo; fué la serpiente!" Escuchó nuestra primera madre demasiado al Diablo, perdió la noción de todo lo exterior, sólo vió ante sí misma al interlocutor, que llenaba el espacio y llenaba su cabecita con sus palabras, y desmemoriada de veras, perdió al género humano.

Pero la tentación de Eva, siguiendo su ascensión diabólica, fué obsesión, y posesión más tarde, al ingerir la fruta prohibida, donde había no poca parte del mismo Diablo.

Por su propia naturaleza, las manzanas del árbol del Paraíso no eran malas, perjudiciales o venenosas. Estaban únicamente prohibidas. Dañó una, y no completa, al género humano, no por la naturaleza de su fruto, sino por incumplir su veda, y dañó más aún que por ello por lo que el Diablo puso en su pulpa antes de morderla nuestros padres.

El Diablo mismo, después de señalarla, tentando, la continuó presentando y ponderando con obsesión hasta que, ingerida en parte, produjo la posesión, haciendo de Eva la primer demoníaca del mundo.

La posesión diabólica se efectúa siempre por esa especie de comunión forzada que obliga el Diablo a practicar a sus víctimas.

Una religiosa de San Equicio recibió al Diablo en su estómago al beber un vaso de leche. Para apoderarse de Carlos II, *el Hechizado,* el Diablo se disolvió en un pocillo de chocolate, entrando de ese modo en aquel real y desfallecido cuerpo. Hemos dicho ya cómo entró en el de una joven toledana del siglo XVI, en forma de naranja. Por cierto que vivió dentro de ella unos cinco años.

La posesión se da muy pocas veces en los santos. Lo más corriente es la obsesión acreditada por la presencia y acción constante del Diablo, ocasionando tormentos sin cuento; pero no llegando a producir las alteraciones de la personalidad y la pérdida absoluta de la voluntad.

De esas tentaciones obsesionantes nos quedan como modelos las referidas en el *Libro de*

Job y en la vida de San Antonio, de las que salen victoriosos, transformados, no en santos, sino en hombres heroicos, además.

La pura tentación no es más que una vacilación de la voluntad, inclinándola fuera de nosotros mismos por incomprensión y olvido de nuestra fe prometida en el pacto del bautismo. Y así, para la generalidad, las verdaderas tentaciones son las tentaciones obsesionantes, donde se ponen en juego todas las facultades del alma en la contienda con el Diablo.

Son esas tentaciones, tan repetidas y frecuentes en la vida cristiana diaria, las que acreditan la presencia real del Diablo entre los hombres, y la autenticidad indiscutible de su existencia va señalada por Dios en la Oración dominical: "... Y no nos dejes caer en la tentación; mas líbranos del mal."

CAPÍTULO VIII

LAS RELACIONES MAGICAS

La lucha con el Diablo.—La sal y el agua.—Los exorcismos.—Las fuerzas en lucha.—Los grimorios.—Reversión de los grimorios a libros diabólicos.—Sahumerios y perfumes.—La gran facultad del Diablo.—El capitán Quintanilla.—El exorcismo de San Gregorio.

Pese a todas las filosofías pacifistas, la vida se da como una guerra sin término. En la más pura mística se nos ofrece como un combate espiritual, ya dentro del ánimo del hombre, como lo vió el gran poeta Prudencio en su *Psicomaquia,* ya fuera del ánimo, con el Diablo colocado en el espacio, como un combate. En la vida más positiva ocurre lo mismo, y la frase "la lucha por la existencia", puesta en circulación primero por los naturalistas y por los filósofos después, sirve para justificar todos los egoísmos.

La lucha es una verdadera realidad, y la paz una aspiración a la que no puede llegarse sino por la misma guerra, según la antigua enseñanza: *Si vis pacem, para bellum.*

El gran combate lo sostenemos con el Diablo.

El hombre cristiano se adentra en la vida perfectamente preparado para la lucha con las aguas del bautismo, para el que previamente, en los elementos materiales del Sacramento, se han realizado los exorcismos y purificaciones del agua y de la sal.

En el Ritual de la Iglesia se dice a una y otra substancia, en el idioma del culto, lo que así puede decirse en castellano: "Sal, criatura de Dios, yo te exorcizo por el Dios vivo, por el Dios verdadero, por el Dios santo, por el Dios que ordenó al profeta Eliseo echarte en el agua para hacerla sana y fecunda, etc..." "Agua, criatura de Dios, yo te exorcizo en nombre de Dios, Padre Omnipotente; en nombre de Jesucristo, su Hijo Nuestro Señor, y por la virtud del Espíritu Santo, etc..."

Y arrojado así el mal, ya pueden prepararse los cristianos para la lucha que han de sostener durante toda su existencia, ya que no es más que una lucha sin tregua, como se consigna en el sublime poema del más paciente de los hombres y el más obsesionado de los mortales, el libro de Job: *Milicia es la vida.*

Pero hay muchos medios de combatir al Diablo cuando ya se ha posesionado de un cristiano o de un hombre cualquiera.

Desde el siglo III, la Iglesia cuenta con un

Cuerpo de exorcistas, que se mencionan por primera vez en el canon X del Concilio de Antioquía (341 d. J-C.). A principios del siglo XVII, en 1608, se publicó en Colonia el más completo manual de exorcismos que seguramente existe. Es un volumen de unas mil trescientas páginas, absolutamente irresistibles.

El número de preservativos ideado por las personas piadosas es incalculable, aparte de los exorcismos corrientes. Todo el valor positivo y social de las reliquias descansa antes que nada en el poder conjuratorio que poseen para alejar los demonios y expulsarlos del cuerpo del pobre energúmeno o poseído donde se alojan. Un dedo de San Isidro, por ejemplo, fué reducido a polvo y convenientemente disuelto en cierta cantidad de aceite, sirvió para administrar un enema a un príncipe de España que estaba endemoniado.

Pero de todas protecciones y corazas ideadas, ninguna fué tan eficaz contra los asaltos diabólicos como la célebre camisa de necesidad, tan usada en Alemania en la Edad Media, que debía haber tejido necesariamente, con lino, una virgen durante una noche de la octava de Navidad.

Contrastada la existencia del Diablo, certificada por diferentes autoridades, en sus relaciones con el hombre no pueden efectuarse

más que dos acciones: o que el hombre se lo
atraiga, o que el hombre lo rechace. Al ritual
que se consagra a cazarlo se opone en seguida
el grimorio que trata de atraérselo para el servicio del pecador, convertido así de hecho en
un condenado voluntario y en renegado de la
divina gracia.

El pacto, difícil y enojoso de celebrar, exigió
muy pronto un procedimiento especial y determinado para establecer la relación del hombre con el Diablo. Pero no fué muy posterior
a los primeros pactos. La condicionalidad de
las relaciones diabólicas no aparece reglamen-
tada sino bastante tarde, cuando el Diablo ha
conseguido, por decirlo así, suficiente crédito
entre los hombres. En vista de los bienes, tran-
sitorios, falaces, fingidos, que el Diablo había
proporcionado a unos cuantos elegidos suyos,
como San Teófilo, San Cipriano y, también se
ha dicho, a diferentes pontífices, las inteligen-
cias extraviadas y dejadas de la mano de Dios
imaginaron los medios para ponerse en relación con el Diablo y solicitar la celebración
del pacto.

La extremada soberbia del pueblo judío,
queriendo ser un pueblo escogido por Dios, no
precisamente para la nacionalización divina,
sino para informar en el judaísmo a la Humanidad entera, le hizo nacionalizar al Diablo en

el mismo territorio, y así las fórmulas más remotas que la población cristiana tiene para evocar al Enemigo o al Adversario, que es lo que quiere decir Satán, las encontraron los réprobos en hebreo.

En realidad, el que no sepa hebreo está perdido. Rectifico: está completamente salvo, porque no podrá pronunciar la verdadera invocación como debe pronunciarse y como se encuentra en la *Clavícula de Salomón*, la misteriosa llavecita que abre las puertas de la humanidad para que entre en ella el Diablo y trate con el hombre.

Vertida a un idioma actual la imprecación evocatoria no tiene eficacia de ningún género, porque la mayoría de los que quieran usarla no conoce el valor de las palabras que pronuncia.

La pretendida *Clavícula*, que desde luego responde a una tradición oculta, perdida, olvidada y escondida de la circulación humana, porque acaso ya no es necesaria, es hoy francamente absurda. Muy seriamente exige para efectuarla requisitos casi imposibles de llenar, aunque sean todos ellos cosas y objetos materiales, y deja, en cambio, al alcance de todos una fórmula que sólo lo está por estar escrita, pero que es impotente, porque está rota la cadena de la tradición por un lado y la de la comprensión por otro.

Prácticamente, la humanidad desesperada ha buscado otros medios más positivos al hacer el propósito firme de llamar al Diablo y de hacerle hablar por los movimientos de un cuerpo material o la escritura automática e inconsciente del que le llama.

Una mística invertida, completamente al revés, ha podido ordenar toda una serie de medios y procedimientos para la comunicación con el Diablo.

Son completamente insuficientes.

Está tan cerca de los hombres el soberano Señor de los Abismos que una pequeña indicación de la voluntad humana basta para que penetre en el aura del que ya lo desea, y empiece a operar. Precisamente para evitar esa debilidad se han forjado esos instrumentos curiosos que, difícilmente escritos, misteriosamente dibujados y pasados después de mano en mano, han llegado a nuestros días: el *Grimorio Verdadero,* el *Gran Grimorio,* el *Enchiridión del Papa León,* el *Grimorio de Honorio III* y el famoso *Libro de San Cipriano.*

Hijos espurios estos libros de la *Clavícula de Salomón,* aparecen en Europa en el siglo xv, un poco antes de la impresión de la Biblia. El *Grimorio Verdadero,* que ya supone otro, es de 1517; el *Gran Grimorio,* un poco después; el *Enchiridión del Papa León,* en 1523, y el *Grimorio de Honorio III,* en 1629. El *Libro de San Cipriano,* redactado en comunicación directa con el desarrollo del misticismo hebreo en su lucha con la mística española, es anterior a los grimorios romanos, franceses y alemanes, y está más cerca de la obra atribuída a Salomón. Es una obra cristiana con recuerdos gráticos y no pocos hilos de la cábala.

Pero estos instrumentos de conjuración diríase que, al contacto con el Diablo, se mellan como cuchillos de hierro. Creciendo, agrandándose, extralimitándose de su destino, acaban por servir al mismo Diablo, al proporcionar los medios para adquirir lo imposible deseado: la fortuna, la salud, la satisfacción del amor. Y al llegar ahí es cuando, declarados insuficientes para la perfecta conjuración, la imprecación conjuratoria deja de ser una palabra y se convierte en verdadera magia. En lo sucesivo se conjurará al Diablo, no por la palabra, sino por las sutiles especies que, puestas en el ambiente, le harán desalojar el local.

Los perfumes no sólo suben a los cielos como soportes de nuestras plegarias, sino que rechazan al Diablo a los últimos rincones del mundo.

Este sentido del olfato, para el que todavía

no se ha creado una bella arte, ha producido una técnica divina que es la mejor táctica para combatir las tentaciones, las obsesiones y las posesiones diabólicas. Satanás ama el fuego, o, por lo menos, parece su elemento natural; pero no le gusta el humo.

En la Iglesia, dice el P. Nierenberg, hay también caso de sahumerios o humarazos, para echar los demonios, que si no hubiera alguna particularidad en ellos pareciera supersticioso. Y, efectivamente, los sahumerios de ruda, azufre, galbano, hiperico o corazoncillo, aristoloquia, estoraque, benjuí, nuez moscada, jengibre, cinamono, canela, etc., etc., todo el santo y piadoso herbario de la inmortal *Celestina,* después de haber hecho tanto por el amor y la vida, hace cambiar al Diablo de dirección en cuanto, extinguida la llama, se llena el aire de humo y ascienden intrépidas las pavesas.

Pero si esos sahumerios le alejan y le rechazan de los mortales, los perfumes, las esencias acres, penetrantes, fuertes, esos olores que provocan la ilusión de jardines segados a lo lejos o en una vecindad a espalda nuestra, son armas que utiliza para la tentación. La hiperestesia olfativa, principalmente determinante del sexo opuesto, es una alucinación o un tormento que provoca el Diablo en las gentes que asalta. Muchas monjas endemoniadas, oliendo los altares, podían indicar, sin temor a equivocarse, qué sacerdote había oficiado en ellos antes, sin haberlo visto ellas mismas.

Es cierto que el Diablo tiene el don de lenguas, el de la transformación a capricho y voluntad, y que puede ante cualquier conjuro o exorcismo aparentar que se retira; pero es generalmente una pura imaginación.

Un hisopazo de agua bendita, un puñado de sal, el tintineo de una campanilla, la sencilla señal de la cruz, hacen correr al Diablo de una manera proverbial y superlativa, abandonando el campo.

Lo mismo sirven ciertas reliquias.

Pero también es cierto que tiene un poder y una facultad que constituye un gran privilegio y le condiciona admirablemente para la lucha: la ubicuidad, o sea la propiedad de estar presente a la vez en distintos y apartados lugares. Propiedad que, si pueden tener algunos santos y hombres extraordinarios, como el famoso obispo de Jaén que, sin dejar de decir misa, fué durante ella y volvió a Roma, dejando su sombrerito, el Diablo concede en ocasiones a sus amigos y servidores, como a dos conquenses ilustres de las pasadas edades: al licenciado Torralba, a quien llevó también a Roma, y al capitán Quintanilla, que trajo desde

Flandes a Cuenca para vengar un agravio hecho en su novia, devolviéndole luego a los tercios del rey, no sin haber resistido desde la torre de una iglesia.

El Diablo puede estar y de hecho está al mismo tiempo en diferentes sitios. Ese don, no comprendido u olvidado en ocasiones, ha robustecido la idea de la pluralidad de los diablos, que es absolutamente innecesaria cuando se le reconoce ese poder.

Aun siendo pluripersonal o múltiple, el Diablo necesitaría ser ubicuo para poder desarrollar una pequeña parte de su programa contra la obra divina, sólo en lo que se refiere al hombre. Pero desde luego, tiene esta propiedad, que ha reconocido la Iglesia, desde que Tertuliano fué el primero en proclamarla.

Repugna positivamente que esté provisto de facultades tan extraordinarias el Angel caído; pero es que nos olvidamos al sentir esa repugnancia, de la excelente condición que posee por encima de su maldad, de ser obra de Dios; obra de Dios cuando fué engendrado como ángel bueno, y obra de Dios cuando le ha conservado como ángel rebelde sometido a un castigo, que acaso equivocadamente sospechamos eterno.

Ha quedado consignado ya que esos poderes y facultades no tienen un carácter absoluto y que dejan de serlo por la intervención divina y los dones graciosos que Dios derrama sobre los hombres. Son poderes grandes con efecto, pero sin eficacia completa, y en eso está también la pena del Diablo, que conociendo esos poderes mejor que los mismos hombres, por ser de origen y natural angélico, sabe también que no le bastan en absoluto para realizar sus propósitos.

Integramente consagrado al mal, todo lo que signifique un recuerdo, un asomo del Dios que le arrojó al abismo, le desvía de una acción que cualquier otro proseguiría. En ese odio inaplacable que el Diablo posee, está toda su fuerza, toda la potencialidad para sus obras; pero está también la fuente de sus debilidades y los flacos que determinan su vencimiento.

Esas relaciones mágicas que pueden establecerse *entre el hombre y el Diablo, no se realizan* por el Diablo mismo, sino por el hombre, a consecuencia del pecado primero, que le lleva a vivirlo por haber hecho pecadora a su naturaleza. La obra diabólica es muy superior a la obra mágica, porque esa procede directamente del Diablo y esa se contrarresta con los auxilios divinos. Aquélla, la que procede del hombre mismo, se conjura y evita más fácilmente.

En una de esas sublimes llamadas al buen sentido que hay a veces en la vida de los san-

tos, se dice que San Gregorio curó a un demoníaco dándole sencillamente un bofetón.

Y ese es, en verdad, el único exorcismo y
conjuro que resulta eficaz para ciertos diablos.

¡Cuántas veces las marquesas pastoras de
Watteau hubieron de ahuyentarlos con éxito
esgrimiendo un abanico!

CAPÍTULO IX

EL SABADO

¿Existió el Sábado?—Papel pasivo del Diablo.—El Sábado, movimiento social.—El Sábado nace por un descuido.—Todo al revés.—El primer Sábado.—El macho
cabrío.—El aquelarre.—El segundo Sábado, creación
de la eclesiástica.—Edad de oro del Diablo.—San Francisco y el Diablo.—Apóstrofe de Wierus.

La sublimación de las relaciones entre el
hombre y el Diablo se efectúa en el Sábado.

¿Existió realmente el Sábado? Negarlo parece una temeridad, cuando hay tantos documentos que lo acreditan: los manuales de los
inquisidores, los procesos de hechicería y los
relatos de personas perfectamente desinteresa-
das. Esos testimonios son, con todo, un poco
recusables. Los suministran las mismas personas que, desconociendo las enfermedades nerviosas de sus víctimas, las llevaron a la hoguera como embrujadas y albergues de los demonios. El rito se desarrolla en el más profundo
misterio y sólo se conoce cuando ya se ha ve-
rificado, cuando por otra causa cualquiera se
ha cogido al participante.

Pero, de cualquier modo, el Sábado ha sido una realidad. Ha sido, porque ya muy pocas veces lo es, una apoteosis del Diablo realizada con todos los refinamientos de una venganza mucho tiempo sentida y que de pronto puede cumplirse muy de prisa, con la mayor crueldad también, para dejar fuera de combate al contrario.

El Diablo, tanto en el Sábado como en la Misa negra, que en el Sábado se oficia, toma una parte muy secundaria. El actor de la obra no es él, sino el único espectador. No es una obra satánica sino muy tarde. Es una obra humana que tiene todos los caracteres de una obra social; social en el sentido socialista de la palabra: de comunidad, de cooperación, de esfuerzo general y colectivo.

Es el pacto y la evocación colectivos de una multitud o de unos asociados iguales en una cosa que les lleva a reunirse para pedir otra que les falta.

A las altas horas, por diferentes caminos, en vehículos extraordinarios, todos los desigualados de la tierra, los sin amor, los sin propiedad, los sin alegría en la vida, lejos de la ciudad, salen a buscar el nuevo sol en medio de la noche, cansados, desesperados por no haber sido oídos antes, en plena luz, bajo las bóvedas de las recientes catedrales, en los patios donde se administraba justicia y en los hogares, donde al quemarse los últimos leños, era imposible prolongar el día.

Abundan las descripciones del Sábado, tomadas, naturalmente, de los mismos que condenaron aquella protesta, que fué la vida en las catacumbas, el Renacimiento y la Revolución francesa en una pieza, con todas las aspiraciones no satisfechas aún.

El espectáculo es aparentemente repugnante, como es sangrienta una revolución.

En el Sábado, que aparece a fines del siglo XII y a comienzos del XIII, tienen su floración todas las obscenidades, todas las flaquezas de la carne, todas las crueldades y las infamias; pero sin una injusticia. Los verdaderos sacrificios, los crímenes, para decir la verdadera palabra, aparecen cuando el rito se ha hecho tan ineficaz como el que quería olvidarse.

Historiando el Sábado se le ha querido hacer una continuación de las orgías báquicas, de los *sabadzios*. Es posible que ese recuerdo sirviera para fortalecerlos; pero eran Sábados, nada más que Sábados, aunque se citen en los procesos Sábados realizados en miércoles, en viernes.

El Diablo ha tenido ya serios triunfos en la historia universal; ha sufrido, también, grandes castigos, y revolviéndose contra ellos, así como la Iglesia va acumulando sobre su figura todas las maldades, el Diablo mismo, para continuar la lucha, pide préstamos a las religiones muertas para fortificarse. A la idea elemental de representar el Mal como lo contrario del Bien, el Diablo, superándose a sí mismo, acepta el procedimiento, y dondequiera haya una debilidad, un pequeño descuido de sus santos enemigos, lo aprovecha para gozar las primicias de las viñas que han dejado por vendimiar.

El mismo Sábado es un descuido aprovechado por el Diablo. Las curiosas y extraordinarias interpretaciones sobre los días de la Creación colocan la creación del hombre en el sábado, suponiendo que la obra del Creador comenzó en lunes. El domingo, día del Señor, se ha glorificado por eso, al par que en celebración de la resurrección de Jesús, acaecida también en ese día.

Para la tradición judaica, el sábado era el verdadero día final de la semana, que empezaba en domingo. Sábado y descanso eran una misma palabra, y todavía los judíos siguen guardando el sábado como los cristianos el domingo.

En la regulación cristiana de la vida cotidiana, el domingo fué el día supremo, dejan-al sábado las horas de las angustias, en las que se creaba la supervalía en el rendimiento de los siervos. El día en que había sido engendrado el hombre vino a ser el peor de la semana, y una vez que se había destinado un día al Señor, el Diablo recogió el suyo, escogiéndolo sabiamente, tomando el día postergado y excluído de la exaltación.

Contra el sol, contra la vida esplendorosa, exaltó el Diablo las horas tristes, las de las sombras, las de la noche, e invirtiendo el orden que se quería ver en la naturaleza; el amanecer del Diablo fué el crepúsculo vespertino, y en vez de saludar al Sol le saludó a la Luna.

Los cultos preteridos se recogieron, y a todas las exaltaciones de la muerte que, por la exaltación de la crucifixión de Jesús tiñen de dolor y de tristeza al mundo cristianizado, adaptado a un Dios expirante, lleno de sangre, atormentador y moribundo, se oponen las exaltaciones de la vida, fecundidad, pululación de los gérmenes y de las energías. Los animales más pequeños, que más osadamente viven, por encima de toda forma próxima al hombre, presentándose en ocasiones c o m o sentidos, como sensaciones, como ideas que andan y palpitan, cantarán la gloria del Diablo, que se ha hecho señor de la vida en todas las formas y que en las metamorfosis de los insectos y de las bestias menores, revela una resurrección consoladora y posible a los hombres.

El Sábado es la glorificación de todo lo no glorificado, de todo lo olvidado y castigado en toda la semana y en todos los tiempos de la vida.

Los sapos, las ranas, las arañas; el escarabajo y el gato de Egipto; las cigüeñas y las lechuzas de Grecia; los murciélagos, las serpientes de Asia y Africa; las aves que remedan la voz del hombre; los mismos insectos sucios y las fieras apartadas de la ciudad, en procesión obstinada y tenaz se dirigen al Sábado desde sus escondrijos, de sus guaridas, para ofrendar al Señor de los caídos, de los vencidos, las formas más puras de la vida, las más simples, las más fuertes, porque persisten contra la muerte y de la muerte viven...

Todo es al revés en este nuevo mundo, que no ha querido hacer el Diablo y que ha hecho él, a pesar suyo, con volverlo un poco sobre su eje.

Aquí se llama a una comunión de vida, libre, sin trabas, a todos los seres. Tienen su libre ejercicio todas las aberraciones sexuales porque el hambre de los tiempos y la exaltación de la continencia las provocan, las suscitan, no para pecar, sino para vivir, sin pensar si esos desórdenes son camino de vida.

J. Patinir. - Fragmento del célebre cuadro «Las tentaciones
de San Antonio».

(*Museo del Prado, Madrid.*)

He ahí lo que fueron los Sábados, por una parte, antes de que los inquisidores nos ofrezcan las descripciones, más que obscenas, repugnantes, donde un sacrificio sangriento pide la intervención de las autoridades y logra la execración del mundo.

El primer Sábado, el Sábado puro, no fué más allá. Fué, de un lado, la protesta de todos los desigualados, a la que se suman los vencidos de todos los cultos; es la orgía báquica, degenerada, olvidada de su gran significación metafísica, y que no es, entonces, más que la protesta de los débiles que no pueden organizar la revolución.

Hay un símbolo con el cual se viste Satanás, porque es el único con el que se ha vinculado en todas partes la exaltación de la locura genésica que debe producir la vida: el macho cabrío. En cultos antepasados ha sido exaltado también por su rara y extraña condición de sultán, pasando a la condición de realeza que hoy atribuímos al león, como rey de los animales, en una sublimación·retórica.

El macho cabrío se sacrificaba en honor de la Venus de Pafos. Baco es transformado por Júpiter en macho cabrío. En Egipto, el macho cabrío, Mendes, es objeto de adoración, y los primeros israelitas adoran también al macho cabrío, asignándole un papel en su culto.

Pero no es una mera exaltación de las funciones genésicas la adoración y consideración al macho cabrío. Es un culto justificado y natural, pues sin el auxilio de los animales productores de leche, el hombre no habría podido alcanzar los estadios actuales de cultura. El totemismo de la vaca y de la oveja descansan sobre el mismo principio de utilidad y de reconocimiento.

El Diablo, aprisionado en los primeros días del Paraíso en el cuerpo de una serpiente, a medida que va ganando al hombre en su constante tentación, en esa tentación que es la historia universal, asciende en la escala de los seres hasta fijarse por mucho tiempo en la forma más augusta para su aproximación al hombre. Y así da también a los pobres caídos, por haberle escuchado, su cuerpo, su sangre, la esencia de su sangre y el abrigo que ha de protegerles contra las inclemencias de un mundo que, salido de las manos de Dios, se ha hecho poco confortable por el pecado.

¿Se podría encontrar un símbolo mejor para el nuevo Dios?

Ese Sábado primero es el Sábado del Diablo, del Diablo mismo, por el Diablo provocado.

En la pradera del macho cabrío se celebra el primer aquelarre, en lo que quiere decir la palabra, conservada entre estos vascos, tan cerca en otros tiempos de la misma naturaleza.

Es una orgía sexual, primitiva, donde se desenfrena el instinto; pero sin ir más allá de la exageración de la vida.

El segundo Sábado es otra cosa. El segundo Sábado no trata de arrollar todas las barreras contra la carne, solamente, saltando sobre los mismos instintos, sino sobre el orden instituído en la sociedad. El Diablo parece más activo, pero en realidad no lo es.

En la carrera desenfrenada hacia atrás o la marcha al revés como camino de la revolución, lo primero que surge es la necesidad del culto, y el culto nace como un rito al revés con todos los refinamientos invertidos, trastrocados, para realizar la mala obra. Entonces no se va al Sábado ya para realizar el amor imposible, sino los amores contra el amor y los males contra los bienes. Los Inquisidores y los jueces nos han dejado unos relatos espeluznantes, arrancados con dolor a víctimas agonizantes. Buena parte de la escena ha sido sugerida con preguntas, a las que tenían que contestar afirmativamente los acusados.

Se sacrificaba un niño. Y la mujer, transformada en altar, era la nueva ara, palpitante y viva, en la que se celebra la Misa negra, una misa al revés, con el cáliz invertido, la hostia negra, salpicada de sangre y encerrada en los senos de la especie.

¿Fué ese Sábado así? Puede dudarse. Como excepción se celebró algunas veces, cuando tomaron parte en él—¡horrible es decirlo!—algunos eclesiásticos. Ellos eran los únicos que podían invertir los movimientos que ejecutaban al derecho y rectamente de día.

En cuanto a la posición humillante y decaída de la mujer, no era nueva. En otros tiempos, en las nupcias, en las *confaerreatios,* sobre los lomos de la joven esposa se oficiaba también. El ritual diabólico no hacía más que resucitar un rito que había existido en otra edad.

Lo demás, lo accesorio, era precisamente lo principal. El Diablo, rey, coronado de cuernos, que significaba toda su realeza, era el juez de los reyes y señores de la tierra, a quienes se aludía en el sábado, escarneciéndoles, por de contado. Se le dan así nombres extraños, nombres de pila impropios del Diablo: Juanito, Luis, Felipe. ¿Por qué? Se adivina fácilmente. Esos nombres son los nombres de los magnates y opresores de los desesperados creyentes.

El Sábado es un acto social y el único acto social de los proletarios de la Edad Media. Es la utopía representada, vivida, ensayada de veras para preparar la revolución futura. Las trabas sexuales son las que menos hay que romper; son las del señorío, las de la servidumbre, las mismas que imponen las *guildes,* asociaciones y compañías. Y precisamente porque no puede satisfacer la rotura de todas éstas, es por lo que el sábado degenera, trata de reintegrarse a su primer sentido y desaparece por fin.

Es entonces cuando el Diablo se hace alquimista, brujo, hechicero, el comunista desencantado que, aislándose, confiando en sí propio pero sintiendo que aquello haya terminado, transformado en solitario social, trataría de realizar la Reforma, el Renacimiento, la Revolución, todo el Futuro.

La cola del Diablo es lo último que escapa en su rápida desaparición del Sábado.

El apéndice caudal recuerda estilizada, en esquema, la primera encarnación del Diablo mismo, y no es ni más ni menos que una serpiente, y la serpiente la correa que, pasada y repasada por el tronco del Arbol de la Ciencia del Bien y del Mal, produjo la llama, el fuego y los bienes que han hecho a los hombres como dioses (1).

Con el Sábado, que dura desde el siglo XIII

---

(1) Véase la magnífica obra de ESTANISLAO SÁNCHEZ CALVO, *Los nombres de los dioses,* Madrid, 1884, pág. 189 y siguientes, donde se hace esta última indicación. La obra de Sánchez Calvo, atrevida, equivocada, es con todo una obra de mérito que honra a la ciencia española.

hasta el siglo xvii, vive el Diablo su Edad de Oro. Realiza un pontificado efectivo y un imperio de verdad sobre todos los hombres, llamándolos a la defensa de los humildes, de los últimos, de los mismos animales despreciados.

San Francisco llama también en la misma edad a todos los desigualados y a las bestezuelas olvidadas y despreciadas de los hombres. Conmueve a los peces y a los pájaros con sus palabras, y llega en un arranque de suprema compasión a decir al más cruel de los animales de entonces, al más sediento de los seres, y los hombres lo eran también en aquellas edades, "Hermano lobo". Y el lobo que dejando las nieves bajaba a la ciudad, colmándose una vez en el festín de la vida, no se come a ningún hombre y regresa santificado al monte.

San Francisco, hijo del Buddha, y hermano mayor de Cristo en esto de la piedad para todos los seres, fué barrido y castigado en sus hijos por aquellos crueles carmelitas y dominicos que tomaron la espada y la antorcha para acabar con el Diablo.

Muy pronto, cuando se trate de ridiculizar al Angel malo, se le verá en las paciencias de las sillas corales, en las gárgolas de los templos o en los pies de los baptisterios, disfrazado de fraile franciscano, asomando los cuernos o las orejas de asno con que el Diablo se ofrecía en los últimos Sábados, remedando en sí propio el natalicio del Cristo entre los dos *totems* que han ayudado la marcha ascensional del hombre: la vaca y la mula.

Las pobres mujeres que iniciaron el primer Sábado, fueron las que acabaron con el segundo en medio de las hogueras. Quemadas, para que no derramaran sangre.

El Diablo quedó muy quebrantado con la pérdida de tan poderoso auxiliar. Muchas de ellas eran bellísimas. Las feas las dejaba a un lado y no recibían jamás una caricia humana. El número de víctimas fué tremendo, mayor que el de nuestra Inquisición, y fué inútil que un creyente en el Diablo dijera que muchas de ellas eran alucinadas.

La mujer, ensalzada únicamente en una, era un caso frágil para aquellos inquisidores. Sprenger, el más cruel de los magistrados, se permite asegurar la impiedad natural de la víctima con un juego de palabras transparente y que será una razón para negar la demencia. "*Fémina*—dice—, *fide minus.*"

Las mujeres fueron más heroicas que los hombres al sufrir los martirios; pero precisamente por tener una fe más viva, más grande, que los pobres locos que las acompañaron al suplicio.

Había una alucinación en todo el Sábado;

pero basada en una realidad. No puede negarse al Diablo, pero hay que ser caritativo con sus víctimas.

Wierus, el gran demonólogo, no fué oído, y se siguió quemando sin escuchar su valiente apóstrofe: "¡Oh, vosotros, tiranos, crueles, jueces sanguinarios, que olvidáis ser hombres y que ciegamente hacéis callar toda piedad, yo os emplazo ante el tribunal del Supremo Juez, que decidirá entre vosotros y yo!"

Y no se le oyó, porque como existía el Diablo...

CAPÍTULO X

CARRERA DEL DIABLO POR LA HISTORIA

La tentación que sigue.—El Diablo hasta Jesucristo.—
Su obra en Roma.—Invenciones entre los bárbaros.—
El mahometismo.—Asaltos al Pontificado.—Acción del
Diablo en Francia, en Inglaterra, en España, en Italia,
en Alemania.—América escondida y ocultada por el
Diablo.—Los Padres de la Compañía imitan al Diablo
en el Paraguay.

La obra del Diablo es toda la historia universal. No ha dejado de actuar en el mundo
un solo día, y para hacer su acción más inten-
sa y permanente, ha provocado mil inventos
que obran sobre el tiempo, sobre el espacio, la
gravedad y las leyes físicas del planeta.

Tras la tentación de Adán y Eva, el Diablo
provoca seguramente el asesinato de Abel por
su hermano Caín; y, rompiendo la lógica brutal del tiempo, hace que muera el primer hijo,
mucho antes que el primer padre.

La corrupción del género humano sigue su
ascensión diabólica, y después del castigo del
Diluvio, el Diablo, apenas ha salido del **arca de**

Noé y su familia, instiga al marítimo patriarca a la plantación de la vid para provocarle una alegría a sus tristezas, que hoy buscan todavía los hombres.

Y la embriaguez de Noé tiene que repararse tras los siglos por el Hijo del Hombre, haciendo del vino una de las materias del sacramento mayor de los cristianos.

Suelto el Diablo por la tierra, somete a los hombres a su capricho y se hace adorar en todos los cultos paganos, favoreciendo el incesto en Egipto, el estupro en Asiria, la sodomía en Grecia y Roma, el robo en todas partes y la injusticia bajo todas las formas de gobierno.

Se hace adorar como bestia, como planta, como piedra, como sombra. Es un toro en Egipto, una vaca en Grecia, una loba en Roma y un cuadrúpedo informe en España, donde deja tendido sobre la hierba, en las cercanías de Durango (Vizcaya) al célebre dios Miqueldi, petrificado y sin identificación posible.

En cuanto toma carne el Hijo de Dios, la acción del Diablo afecta un plan nuevo en sus ataques al hombre y al mundo. El encarna también, en cierto modo, y toma un nombre casi definitivo para darse a conocer. Divide su acción en dos direcciones, que concurren al mismo fin: de un lado sigue su ataque contra el hombre, y de otro lo inaugura contra la Iglesia, así que ha sido instituída.

Antes, en la vida del Cristo ha ejercido un influjo considerable, cuya parte no está dilucidada aún en los tormentos de la Pasión, sufrida resignadamente por Jesús para redimir al hombre, pero agrandada en su dolor por las flaquezas de la carne, que el Diablo trató de conseguir con la tentación en el Desierto, los problemas absurdos de los incrédulos israelitas y la traición de Judas.

Constituída la comunidad cristiana, el Diablo no tiene más ocurrencia que plantear un problema—mirando al hombre muy por debajo—sobre la circuncisión. San Pablo sale y saca airosa a la Iglesia de la insidia demoníaca; pero el Diablo empieza a producir herejías, inaugura la corrupción de las Santas Escrituras, provoca las iras de los Césares y éstos decretan diez persecuciones contra la Iglesia, que sólo han sido superadas por la Inquisición, corrompida—naturalmente—por el mismo Demonio.

En el Circo romano son devorados los mártires, y una virgen, Santa Inés, avergonzada de salir desnuda ante la plebe, llorando pide al cielo un manto y se cubre de pronto de pelo.

El Diablo busca recursos y auxilios en los cultos perdidos, y la herejía de los gnósticos toma caracteres alarmantes contra la Iglesia, porque tiene todas las apariencias de un Cristianismo mejor, y desde luego parece con más ciencia, con más arte.

El providencial auxilio de los bárbaros del Norte, que impíamente, por instigación satánica, hace decir en el siglo XVIII a Montesquieu que fué un acuerdo con la Iglesia para acabar con el mundo romano, triunfa sobre el Diablo, y en los Concilios de Toledo se empieza a forjar el nuevo Derecho y se agranda la dignidad del hombre.

La serpiente gnóstica levanta su aletargada cabeza en medio de los godos, los vándalos, los salios, ripuarios y longobardos. Y, sobre todo, entre los suevos de Galicia. Combatiendo parcialmente el Diablo con cada hombre, ha hecho ya prodigios. Se ha presentado a ellos bajo todas las formas animales posibles. Para justificar sus apetitos sexuales, ha corrompido las ágapes o comidas en común de los fieles, haciéndolas terminar muchas veces en una orgía. Se obstina en mantener el matrimonio de los obispos y de los sacerdotes. Hace tercos hasta lo imposible a los patriarcas de Constantinopla, y, finalmente, vuelve sobre el rincón sagrado donde se abrocha todo el mundo antiguo, y allí mismo, en las estériles y arenosas llanuras donde Europa, Africa y Asia han producido el judaísmo y el Evangelio, levanta una nueva fe, corrompiendo a un despierto camellero por medio de un judío, y surge el **Mahometismo**.

La Iglesia ha tenido ya sesenta y nueve **Papas** y un sinnúmero de Concilios ecuménicos, generales y particulares, y tiene que sufrir nuevos ataques, y la resurrección del gnosticismo y de la cábala la esperan en la nueva edad.

Los hombres empiezan a generalizar un pacto con el Diablo para obtener la satisfacción de sus deseos. San Teófilo quiere ser repuesto en su cargo; Silvestre II quiere la tiara pontificia, algunos particulares no quieren más que ser llevados al tálamo nupcial, del que debe salir en su noche de bodas el pobre novio para ocupar su puesto el joven cristiano que se siente Aladino.

Este milagro diabólico se repite en toda la Edad Media, y se llama derecho de pernada cuando se hace notoriamente por el señor del castillo.

En la primer Edad Media, sin perjuicio de tentar a los hombres más eminentes en saber y virtud: Santo Tomás, San Buenaventura, Alberto el Grande, San Bernardo y todos los que luego son los patrones de los oficios, el Diablo dirige su acción contra el Pontificado, vicariato de Cristo en la Tierra. Diez y seis Papas, desde Esteban V (885) hasta Juan XI (935), constituyendo la Edad de Hierro del Papado, se suceden en la Silla de San Pedro por medio del crimen, exaltando todos los vicios y las infamias dirigidas por sus queridas y sus hijos.

Hay un momento que el Diablo logra colocar en la cátedra de San Pedro a un muchachito de diez y nueve años, más cruel y más infame que Heliogábalo y Sardanápalo en una sola pieza.

El desarrollo de la vida monacal y de las órdenes religiosas provoca las nuevas iras del Diablo, y surgen nuevos errores en las cátedras y en los cenobios. El Diablo, bajo la apariencia de un joven de veinte años, entra en el convento de dominicos de Berna, y para promover el mayor escándalo contra los franciscanos, se hace defensor del dogma de la Inmaculada, que no se definirá hasta el siglo XIX.

En el orden material, se encarga de dejar sus huellas en las catedrales y en los monasterios con dibujos y esculturas obscenos, que hace pasar, hipócritamente, por representaciones vivas de los vicios y los pecados para hacerlos más odiosos.

Un rey de Francia baja en sueños a los Infiernos y parodia la *Apocalipsis* de San Juan. Otro entrega a sus enemigos la salvadora de su reino, y los ingleses queman por bruja a Juana de Arco. Entre el pueblo, los estragos del Diablo son mayores. Empiezan las Misas negras los Sábados y los cultos infames. Un mariscal del reino, Gil de Retz, el Barba Azul de la leyenda, celebra pactos con el poder del Averno, se dedica a la magia y busca en la sangre de las mujeres y de las niñas las materias necesarias para los sacramentos perversos, que deben afirmar su fruto con el Diablo, la adquisición de las riquezas y los triunfos materiales.

En Escocia sigue atacando a los reyes como en todas las monarquías, y Macbeth invoca a las brujas para ser rey. En Irlanda, la Isla de los Santos, los esfuerzos catequistas de San Patricio son inútiles por mucho tiempo, aunque el santo enseña el Purgatorio a las gentes para llamarlas al buen camino. Inglaterra, predilecta de la Iglesia bastante tiempo, después de haber tenido varios reyes santos, cae en el pecado bajo Enrique VIII, que hace de la lujuria una acción necesariamente cristiana.

En el Reino Unido ocurren en todo ese período cosas extraordinarias. El rey de Escocia, Jacobo VI (1567-1625), tras repetidos estudios sobre el Diablo, escribe una *Demonología* para enseñar a los buenos escoceses a preservarse del Maligno y a los jueces a combatirle en los

143

tribunales. Mucho antes, Eduardo el confesor ha sorprendido al Diablo montado en un barril de vino conservando un tesoro; y mucho antes, en el siglo x, San Dunstan, abad de Glassombury y árbitro de la corona de Inglaterra, le ha

El Diablo sobre un tonel, como lo vió Eduardo, el Confesor, rey de Inglaterra.
(*De un libro de Horas.*)

podido coger las narices con unas tenazas de la cocina.

España no ha sido dejada nunca de la mano del Diablo. La convivencia de suevos, árabes y cristianos, favorable a la cultura, sirve para la mala obra, y lleva la influencia de sus ideas

El Sábado.—Santiago el Mayor, destruyendo Los encantamientos de un brujo.

Composición de Brueghel el viejo, grabado de Cock.

por todo el mundo más que la de sus artes. Todos los tesoreros, los médicos y los grandes ministros de los reyes castellanos y aragoneses son árabes y judíos. Las favoritas son judías, y hacen en cierto modo a los reyes, a los magnates y a los hombres de letras, víctimas de un incubato disimulado. En Toledo y en Salamanca hay cuevas de magia; y en la época de mayor esplendor de la corona de Castilla, la del rey don Juan II, es imposible la cultura sin tener unos dedos de magia y algunos pelos del Diablo. El famoso don Enrique de Aragón, marqués de Villena, es acusado de diabolismo y de haber efectuado pacto con el Diablo.

La leyenda cuenta que se hizo picar y meter en una redoma, de la que hubiera salido como nuevo a no ser por la torpeza de cierto esclavo negro, que se encargó de vigilar la resurrección del marqués, y que, asustado, no llevó a término el experimento.

La mitad del futuro *Fausto* fué engendrada así en Castilla.

Los libros de caballerías están animados por un soplo del Diablo, y, naturalmente, no pueden salvarse de la biblioteca de Don Quijote cuando hacen un expurgo en ella el cura y el barbero, con menos transigencia que la Inquisición romana con todas las obras del mundo.

Los casos de influencia demoníaca abundan

en público como en privado; y el hechizo y el envenenamiento, como hechizo desgraciado, se practican en todas las esferas y condiciones sociales.

Enrique IV, víctima de los hechizos, se debilita, pierde su virilidad y es sometido para probarla a las fricciones de manos vírgenes y a la inspección de las matronas y de los clérigos, que atestiguan que aquello está perdido. Se entregó luego a las inversiones más censurables, y una vez fué sorprendido en su palacio vestido de odalisca, obedeciendo a instigaciones del Diablo.

Y los nobles, los caballeros, los magnates, decididos a librarse de un rey entregado tan por entero a las potencias malignas, acordaron realizar un acto de magia público para lograr su propósito. Con todas las reglas del arte mágico y de las obras de mala voluntad, levantaron un tablado en Avila, contrahicieron un pelele muy justamente proporcionado al rey, y maltratándolo de palabra y obra, lo arrojaron al suelo, después de haberlo degradado arrebatándole el cetro, la corona y las insignias reales.

Y a esta escena de hechizamiento, de *envoûtement,* cooperaron el arzobispo de Toledo, los condes de Plasencia y Benavente y don Diego López de Zúñiga, realizándose la operación a gusto de todos (1465 d. J-C.), enseñando al mundo entero cómo se destituye a un rey.

El advenimiento de Isabel la Católica, que de ningún modo creía en diabluras y hechizos, fué preparado así; y sin embargo, su esposo Fernando, al contraer segundas nupcias, murió por el efecto de un filtro mal suministrado que le dió doña Germana de Foix, y el mismo confesor de la reina Isabel, el cardenal Cisneros, murió víctima de un hechizo que tuvo todos los caracteres de un envenenamiento, para el que sirvió de vehículo un besugo.

El descubrimiento de América prepara una nueva era al Diablo, lo mismo que los descubrimientos, los viajes y la resurrección del clasicismo con sus dioses, menos adorados, pero más comprendidos, desde luego.

El Renacimiento es una obra de Italia, que se extiende a todo el mundo por la novedad y justicia de su manifestación. El Diablo observa que la Iglesia ha perdido el tesoro del idioma latino, y nota con infinita gracia y perversidad cómo son más elegantes y comprensibles las *Metamorfosis* de Ovidio que las obras latinas engendradas bajo el dolor del Cristo y la consideración del pecado.

El latín se pierde también en todas partes, y surgen nuevas maneras de expresar los pensamientos.

La Iglesia quiere defender el idioma muerto sin estudiarlo, y vedando la difusión de las Sagradas Escrituras, que, además, suministra en la versión de San Jerónimo, el primer torturador de los textos, hace del rito una muralla infranqueable, tras la cual espera el Diablo a los creyentes para señalar graciosamente todas las faltas.

El Diablo levanta dificultades en los seminarios y colegios, en las aulas de latinidad más que en las cátedras de Dogma. San Ignacio nos ha referido las penas que pasó por los olvidos que el Diablo le proporcionaba de las reglas gramaticales.

Ningún escritor cristiano de la Edad Media tiene un latín elegante, porque, naturalmente, ha de ponerse a tono con los que hablan el romance de la localidad. Hay erratas y equivocaciones curiosas, significaciones extrañas y glosas absurdas. Las disputas se fundan sobre acepciones de las palabras, y el Diablo busca y facilita las más malas razones para hacer temblar los dogmas por una letra o una palabra insignificante.

Italia se emancipa del espíritu de la Iglesia antes que ningún otro pueblo al descubrir las ruinas del mundo antiguo y observar la barbarie de los creyentes que habían enterrado las poesías y las ciencias pasadas, escribiendo sobre los pergaminos, no una obra original, sino, en la mayoría de los casos, una copia de otra copia de un escrito cualquiera.

El alegre pasado resucita, se imitan los poemas, se copian las esculturas y se llena la Iglesia de la pompa y suntuosidad de Oriente y del Paganismo.

La figura del Diablo se destaca al fin, y el Dante escribe el primer Evangelio del Diablo, animado por el recuerdo de Virgilio y el amor de la bella Beatriz.

El Diablo queda vencido, humillado, y parece que, desde el desierto de hielo, donde yace, no volverá a salir. Sale unos breves instantes, pero el vulgo no le ve jamás como le ha pintado el poeta florentino, sino como se lo dicen los místicos y los santos.

Lo que agrada al vulgo de la obra del Dante es que haya en el Infierno sacerdotes, obispos y pontífices.

¡Ah! ¿Conque esos también?

El Diablo, en Alemania, está más suelto que en ningún sitio, porque hay más oscuridad, más ensueño y otra naturaleza. Y porque habiendo vencido a Roma, nunca pensó en ser vencida por ella. Los pequeños estados, demasiado enamorados de su independencia, por la que luchaban en pleno feudalismo, no podían soportar la primacía del obispo romano, que

habiendo adquirido tierra quería ser el rey de
los reyes, cuando se consagraba la vida a dar
un sentido más determinado a la realeza.

Las tristuras de este valle de lágrimas, dul-
cificadas por las indulgencias, que por limos-
nas previamente convenidas, borraban los pecados de los hombres y les dejaban purísimos
para poderse manchar de nuevo, hicieron de la
Gloria una sociedad por acciones, y quedó el
Infierno tan desacreditado y pobre, que el Diablo mismo hubo de dejarlo para enterarse de
tan escasos ingresos.

El Diablo tentó a un fraile agustino, le casó
con una monja y le empujó a realizar la Reforma que la Iglesia, por no hacer a su tiempo,
recibió con perjuicio propio. Martín Lutero luchó a brazo partido con el Diablo, sufriendo la
mayor tentación que ha podido sentir escritor
alguno cuando el Diablo mismo le quiso para-
lizar la pluma. Muerto, en fin, en 1546, mientras se celebraban sus funerales, una nube de
diablos, en figura de cuervos, se mantuvo sobre el templo mientras duraron las preces.

Agotadas todas las posibilidades: tentando
a los Papas, enloqueciendo a los reyes, perturbando los conventos, sublevando a las masas,
embrujando a las viejas, poseyendo a las jó-
venes, torturando a las bestias, destruyendo los

campos, el Diablo intentó y realizó una nueva, digna de su extremada audacia.

Al llegar los viajeros y conquistadores españoles al Nuevo Mundo, los pobres misioneros y los rudos soldados observaron que el Diablo se les había anticipado.

Efectivamente: en los cultos de México y del Perú, en los ritos sagrados de la América Central y del Brasil, el Diablo había falsificado las ceremonias cristianas, y en aquellas religiones se vieron las parodias de los santos sacramentos y la misma figura de la cruz.

La cosa no era nueva. Los viajeros al Asia habían notado lo mismo en las expediciones que siguieron a Marco Polo, y lo confirmaron también los padres jesuítas en la India, China y Japón.

El hecho era sorprendente para los misioneros cándidos, que imaginaban el Nuevo Mundo y las Indias orientales como pueblos recién salidos de la creación.

Eran viejos, muy viejos, hasta ser nuevamente niños; y eran hijos de Adán, estando sometidos al pecado como los hombres del Mundo Viejo. El Diablo, efectivamente, había guardado el secreto de América; pero no le valieron sus artes, como no les sirvieron luego las mismas a los Padres de la Compañía para sustraer al mundo la existencia del Para-

guay. La república socialista que los reveren-
dos Padres cautelosamente sustrajeron a los
ojos y codicia de los hombres, no la pudieron
sustraer a las artes del Diablo, y parece que el
descubrimiento de aquella rica, próspera y cristiana nación fué denunciado a los reyes de
Portugal y de España por un pobre diablo des-
contento de la regularidad con que, a tambor
batiente, por la mañana temprano, nada más
que por la mañana, se llamaba a los matrimo-
nios al cumplimiento del débito.

CAPÍTULO XI

EL DIABLO, POLITICO CRISTIANO

El Diablo y los grandes hombres.—El Diablo entra en
los palacios.—Los modelos políticos del Diablo son españoles.—E. Cornelio Agrippa y su perro.—El Sylock
de Shakespeare encarnación española del Diablo.—Del
alcalde al rey todos son hechizados.—¿Quién hechizó
a Carlos II?—El Diablo en el siglo XIX.—La Prensa
del Diablo y de los duendes en España.—Sor Patrocinio.—La señorita Nevares.

"El Diablo—decía profundamente Defoe, el
celebrado autor de *Robinson Crusoé*—ejerce
una secreta influencia sobre los grandes hombres; de ahí que los más grandes héroes y los
hombres más gloriosos por las hazañas debi-
das a su virtud o su valor, cualesquiera que. hayan sido las victorias por las que se les ha coronado y exaltado, hayan tenido consigo un
diablo para conservar las pretensiones que
Satán tenía sobre ellos, impidiéndoles contra-
riarlas. Así, hemos visto un diablo sanguina-
rio en el Duque de Alba, un diablo libertino en
un Buckingham, un diablo artificiosamente

153

embustero o político en un Richelieu, un diablo traidor en un Mazarino, un diablo cruel e implacable en un Cortés, un diablo calavera en un príncipe Eugenio, un diablo mágico en un Luxemburgo, un diablo avaro en un Malborough; en una palabra, dadme un hombre y yo os diré qué espíritu le gobierna."

Efectivamente, el Diablo ha procurado y procura influír sobre la espuma de la humanidad, y jamás ha dejado hacerlo ascendiendo en su aspiración.

La historia antigua es una tentación colectiva, en masa. Influye y tienta a las grandes personalidades en cuanto pueden ser una gloria de la especie por cualquier consideración y concepto. Luego, después, ajustándose a los nódulos que la historia ofrece, valorando y elevando a la personalidad humana, vuelve, como en los primeros momentos, a fijarse en las individualidades, observando, antes que Carlyle y que Emerson, que el mundo lo dirigen casi siempre cinco hombres, que son, como los dedos de una mano gigantesca, donde están todos los destinos humanos.

Desde la segunda mitad de la Edad Media, la tentación tiene un carácter marcadamente individual, y, sobre todo, político.

Ahora bien; como la política social es, ante todo, religiosa, porque no hay otro problema ni otra actividad para el hombre que la puramente teológica en aquellos momentos, se comprende y se explica que la tentación se refiera casi siempre a las grandes figuras cristianas, y sean las grandes víctimas de la tentación los fundadores de las órdenes religiosas, los reformadores y los grandes definidores del dogma.

Pero en cuanto la actividad humana franquea las puertas de la Edad Moderna, 'y 'la atención que provocan en el hombre la invención de la imprenta y los grandes descubrimientos geográficos le desvían de una consideración puramente religiosa, la acción del Diablo se dirige sobre los grandes directores de las masas, penetrando resueltamente en los alcázares de los reyes, haciéndose el director de las grandes dinastías.

El Lucifer del Dante es ya bastante político, tiene ya el alto espíritu florentino que otro florentino ilustre, Maquiavelo, le prestara para la vida, después de habérselo infiltrado.

El *Príncipe* de Maquiavelo, si se me permite que lo diga tal como lo imagino, diré que ha sido una tentación civil del Diablo. Es lo que quiso decir Juan Jacobo al consignar que, por la pluma del secretario de Florencia, enemigo de los Médicis, se han querido dar grandes lecciones a los pueblos, ofreciendo la política de los reyes.

Pero esa tentación todavía se refería a los hombres en general. Había que individualizar un poco, y eso lo hizo el Diablo en el sublime modelo del mismo Maquiavelo, encontrado en España dos veces: en Fernando el Católico—diablura de las diabluras—, y en César Borgia—otra archidiablura horrible—, el hijo de un Pontífice.

El Diablo asaltó, en definitiva, la realeza, y todos los reyes, los emperadores, los príncipes los estatuderes, los protectores, los regentes, los dux, los sultanes, fueron tocados en sus frentes con una de sus alas.

Felipe II fué llamado "el Diablo del Mediodía", porque había, realmente, un Diablo del Norte, y otro Diablo del Este, y otro del Oeste, y aun un Diablo del Cenit. Las pequeñas obras del Diablo sobre las masas valen entonces muy poco. El Sínodo de Tréveris y el Concilio de Maguncia (1549) condenan con la cárcel a los curas demoníacos y los deponen de sus funciones. Penetra el Diablo en todos los conventos de Alemania, de Italia y de España; pero realmente no pasa nada. Son pecadillos ligeros, pasajeros ataques a la debilidad de la carne. Toma la forma de perro y acompaña muchas veces al famoso Enrique Cornelio Agrippa; pero todo ello es insignificante; sólo adquiere caracteres de interés cuando esas transformaciones animales constituyen una epidemia y los hombres lobos empiezan a morder a las gentes, a chupar la sangre a los chicos y a beberse el aceite de las lámparas para el culto.

Aparentemente, sin escándalo, al principio, tomando la cosa desde muy lejos, se va acercando a las grandes personalidades directoras. Todas ellas, la que más, la que menos, está atacada por el Diablo. El duque de Alba decía, por ejemplo, al rey de España, que, aparte de las heridas, el príncipe Condé tenía señales de heridas mágicas.

Ruy de Silva, el esposo de la princesa de Eboli, favorita de Felipe II, estuvo a punto de morir embrujado, y se salvó por el auxilio providencial de un fraile carmelita, advertido del caso misteriosamente.

El famoso Ruy López, que sirvió a Shakespeare de modelo para su Sylock, agente de Felipe II en Inglaterra, fué condenado por haber tratado de hechizar a la reina Isabel, y así murió en el cadalso como una encarnación del Diablo.

El prestigio del hechizo, como obra mala, revelación del Diablo mismo, se va haciendo poco a poco, subiendo desde los alcaldes hasta llegar definitivamente a los reyes.

Barrionuevo, en sus curiosos *Avisos,* dice así en 1655, desde Madrid:

"A Don Francisco Guillén del Aguila, alcalde de Corte, que está endemoniado, como todos lo están, de este pelaje, le han sacado del cuerpo 19 cuentos, 990.850 legiones de demonios, echando por la boca extraordinarias señales. Llamábase el general de todos Asroel. Cada legión tenía su capitán y se componía de 6.666 hombres.

"Mire Vm.—continúa con el mejor humor —cuál sería el bagaje, artillería y tren, y lo que cabe en el cuerpo de un alcalde. Y aun dicen que estaban muy holgados y muy a su placer. Todo esto que digo es cierto."

Un poco más adelante, el Diablo entra en Palacio y se trata de hechizar al rey por medio de un espejo en el que había de mirarse al pasar (1661). Dos años después se repite el intento de los hechizos, y finalmente, en 1662, el marqués de Liche se pone en tratos con el Diablo para desagraviarse del duque de Medina Sidonia, haciendo tan mal el hechizo que, al quemar el teatro del Retiro, por cuestión de poca cosa no mató a los reyes.

Los intentos de asalto real fracasaron con Felipe IV, pero dejaron preparado el terreno para los hechizos y la posesión de Carlos II, como última acción del Diablo de la Edad Media.

De la Edad Media se dice adrede, porque el Diablo ha envejecido en España de una manera lamentable, y no hay un Diablo moderno sino muy tarde, cuando ya está cansado de correr por toda Europa, después de haberse revelado en los Estados Unidos, como veremos a su hora.

El Diablo, lleno de soberbia y teológica dignidad, que dice a fines del siglo xvii por boca de Milton: "Vale más reinar en el Infierno que servir en el Cielo" (*Better to reign in Hell tan serve in Heaven*), toma en España un camino menos directo, y bajo una apariencia de diabolismo meramente religioso, se prepara para las futuras influencias políticas que ejercerá más adelante, sin dejar a este país nunca de la mano. El hecho es que los casos de embrujamiento abundan y que no puede realizarlos sino el Diablo. Y el Diablo, político fino y sutil, enemistado con la Casa de Austria ya desde Carlos I, y más enemigo después, cuando reina Felipe II y la rama austriaca en Alemania, celebrando acaso un pacto secreto con la Casa de Borbón, recurriendo al auxilio inconsciente, naturalmente, de los Padres de la Compañía, favorece el hechizamiento del rey don Carlos II, interesando en la obra a unas diablas asturianas que, desde un convento de Cangas y desde el cuerpo de unas monjas, proyectaron su obra maléfica sobre Madrid, atrayendo a su partido a la misma reina madre y al propio confesor del monarca.

Moratín, comentando el célebre auto de fe de Logroño de 1610, ha referido entretenidos y edificantes pormenores del embrujamiento del rey, que si no denunciaran una admirable intriga política muy en razón para las víctimas a quienes se dirigía, había que creer en una suspensión del juicio en la historia universal.

El Diablo entró en el cuerpo del desgraciado monarca aprovechando una mañana, ocultándose en una jícara de chocolate, a la que se incorporaron los rezos y los riñones de un cadáver para que el rey se embruteciera y no tuviera sucesión alguna. Y así fué, pues ni purgas, ni laxantes, ni oraciones, ni unturas lograron reanimar el debilitado organismo, que dejó de existir rendido por exorcismos y conjuros en todos los idiomas.

Se han transmitido por la Historia diferentes nombres de los diablos que poseyeron el cuerpo del rey don Carlos, predominando, entre otros, un diablo nacional denominado Pateta; pero en realidad no se conoce exactamente su gracia, aunque hay visibles sospechas para creer que no tuvo ni debió tener otro nombre que *Tartufo.*

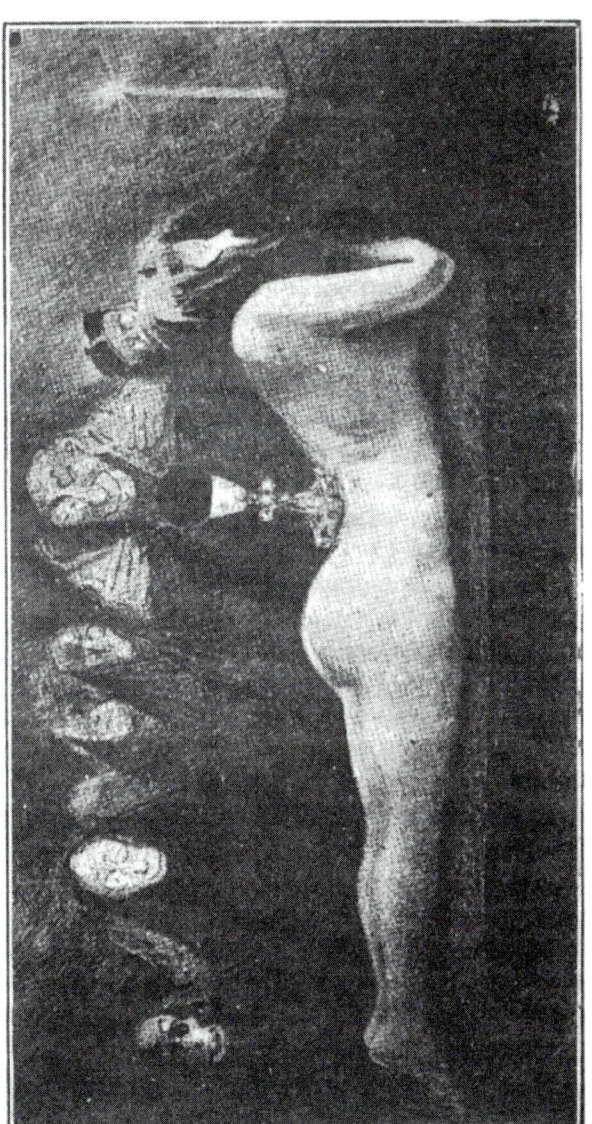

La Misa Negra.—Fragmento del *Hannarch magique*, de Austin de Cros.

Tartufo nació en la Corte de Luis XIV, en 1664. Joven devoto en sus primeros instantes, por la cortedad que le imponían sus superiores para dirigirse a las mujeres, se hizo hipócrita, fingió tentaciones, y, sin saberlo él mismo, acabó por ser el mismo Diablo, pasando ya de esa diablería inferior, puramente carnal, lujuriosa, a la diablería política, como medio de extender el imperativo de dominio. Ese Diablo no le conocían en España más que el partido adicto a la Casa de Borbón y la extática y venerable virgen sor Gabriela de San José, carmelita descalza, que anunció la muerte de Carlos II y el advenimiento de Felipe V, nieto del rey Sol. Simple duende al principio, cuando vive en las casas particulares y en los palacios de los grandes, va adquiriendo prestigio y forma demoníaca a medida que tienta a los alcaldes de Corte, a las monjas de San Plácido, al infortunado marques de Siete Iglesias, don Rodrigo Calderón; al marqués de Liche, al mismo Felipe IV, hasta que llega a ser Diablo político con entero manejo de los negocios de Estado bajo Carlos II, *el Hechizado.*

Es inútil que este Diablo hable en latín, porque entonces todavía ese idioma era el idioma diplomático del mundo. Los diablos que se consultaron en Alemania para que, por compañerismo siquiera, hicieran que los de aquí

dejaran en paz al último representante de la
Casa de Austria, no hablaron en alemán, sino
en latín, y eran muy alemanes; pero los diablos que había en el palacio de España eran
sencillamente franceses y muy interesados en
el triunfo de la Casa de Borbón; pero no ha-
blaban el francés, porque hubiera sido poco
diabólico hacerlo.

Y logrado el triunfo que el Diablo apetecía,
su labor subsiguiente, rutinaria y conocida,
fué seguir dando señales de existencia en los
campos, en las faldas de las montañas y en
los lugares más inmediatos a los grandes templos. En las inmediaciones del sepulcro de
Santiago y de la iglesia del Pilar se conserva-
ron algunos endemoniados, fácilmente reme-
diables acudiendo, unos, a San Andrés de Tei-
xido, y otros, a Santa Orosia.

No hay tentaciones de gran importancia, ni
a personas de significación social, hasta comienzos del siglo xix. Una víctima significa-
da fué un sacerdote, capellán de monjas, que
tomando en serio los principios absolutistas y
tradicionales de la Monarquía, descuidó los
movimientos de la carne, fácilmente pecadora
en los oradores. Don Blas Ostolaza, diputado
en las Cortes de Cádiz, padeció la tentación y
salió airoso de ella—es decir, no fué quema-
do—, aunque pecó mucho más que el pobre

Gauffidi o el desdichado Urbano Grandier. El príncipe don Fernando, que luego, al ser el VII de España, pareció una encarnación del Diablo, no lo pudo ser jamás por haberse librado de ello bordando en Valencia una preciosa casulla para las necesidades del culto.

La decadencia de España, mayor aún que en los días del último vástago de la Casa de Austria, se evidencia en el hecho de abandonarla el Diablo al gobierno y dirección de los duendes. Desde mediados del siglo XVIII se ha exaltado entre nosotros, como a grandes y poderosas entidades, a esas criaturitas, como soldados de plomo, pero que fueran de carne, con las que jugaba Ben Josshon en la cama.

Desde 1761 hasta el año 1870, la diligencia de Hartzenbuch no ha podido encontrar más que veinte periódicos madrileños que, empezándose a llamar *El Duende*—tirado éste en la imprenta del Tribunal de la Santa Cruzada—, terminan con *El Diablito*, de muy corta duración.

El Diablo en su acción efectiva de mala voluntad contra el hombre y con la obra de Dios, hace muy pocas cosas entre nosotros. *Los Cuernos de Satanás, periódico oficial de los Infiernos,* que se publicó en 1849, no era como *El Diablo Predicador*, publicación religiosa, naturalmente; pero tampoco fué un eco del Infierno.

Más grande la indiferencia que la impiedad durante el siglo XIX el Diablo corre en España dos aventuras ridículas, que le ponen a las puertas de la muerte. La primera, el 26 de octubre de 1830, ocurre en el convento del Caballero de Gracia, sito en el centro de Madrid. Una religiosa francisca, sor Patrocinio, encontrándose sola haciendo oración, sintió que el Diablo la cogía por un pie, y así, cabeza abajo, sacándola por un balcón, atravesando unos fragantes jardines, la arrastró por una carretera, la dejó en un pinar y desde allí la volvió al convento, colgándola de la veleta, dejándola después en un alero del tejado, donde fué hallada por sus compañeras tras una investigación que duró más de dos horas.

La finalidad de la diablura, poco clara en apariencia, se esclareció poco a poco, cuando por esta trastada, por la santidad de la víctima y la impresión de las santas llagas, Isabel II y su esposo convirtieron a la monja en una sor María de Agreda, que debió dirigir los destinos de la Monarquía y que contribuyó no poco a debilitarla, porque el Diablo, que tan mal quería a la hermana Patrocinio, más político que religioso, en vez de edificar a las gentes las fué enzarzando para procurar una guerra civil.

La segunda ocurrió en Barcelona, como consecuencia del auto de fe celebrado el 9 de octubre de 1861, en el que se quemaron en la Explanada las obras de Allan Kardec, Grand, Guldenstubbé y varios periódicos y folletos espiritistas. El Diablo se apoderó de la señorita Rosa Nevares, manifestándose como si la joven padeciese ataques epilépticos. La intervención de un exorcista estaba indicada; pero gracias a la de un *medium* aleccionado por los libros que las autoridades civiles y eclesiásticas quemaron en aquel auto de fe, la joven quedó curada.

Y fueron inútiles todos los ataques a la moderna presentación del Diablo "como fuerza magnética", porque había resucitado, como el fénix, del rescoldo de sus cenizas

CAPITULO XII

LAS RELIGIONES DIABOLICAS

¿Puede ser el Diablo objeto de una religión?—Cómo ha surgido su culto.—Las religiones del Diablo.—Los templarios.—El ídolo de los templarios.—La acusación contra los jesuítas.—Los adoradores del Diablo, fabricantes de muselina.—Las desviaciones diabólicas.—La broma del satanismo.—El luciferismo como escuela estética.—El único diabolismo.—Los ñáñigos.—Por qué el Diablo no puede ser objeto de una religión.

Muy amenazado el Diablo después de la publicación del *Catecismo positivista,* de Augusto Comte, y más aún por la dirección teológica de la escuela de Tubinga, en el siglo XIX, se vió en la necesidad de crear un culto contra sus propias y naturales inclinaciones de siempre.

La fórmula brutal, usada tantas veces en los supremos momentos de desenfado por los fanáticos bajo cero, los fanáticos de enfrente, los fanáticos al revés, fanáticos cabeza abajo, que se expresaba diciendo: "Ni Dios ni Roque", por una perversión de la lógica sirvió para provocar el sentimiento de adorar a *Roque,* que siempre, absolutamente siempre, fué el Diablo, y no una forma paranomásica de designar al rey, a la realeza o al principio supremo de gobierno y autoridad.

El Diablo se encontró de la noche a la mañana con un culto; y este culto, engendrado de prisa, con todos los apremios, las ignorancias deseadas, las ignorancias queridas y la furia del momento, fué el culto cristiano invertido y seguido al revés.

¿Ha tenido religión el Diablo? ¿Podía tenerla? ¿Se podía hacer una religión con el ser menos religioso? Desde luego, no. Pero como no había más remedio que protestar contra el empeño cristiano de informar y tener con su sentido toda la vida, se hizo una religión sobre el Diablo, que en el descuido de las cosas santas resultaba una cosa universalmente religiosa, ya que los religiosos lo veían como un enemigo y los no religiosos como una cosa muy cerca y vecina de ellos.

En la exagerada crítica a todas las herejías, los escritores cristianos, católicos y protestantes han rivalizado siempre en señalar el pretendido empeño del Diablo por tener un culto más perpetuo y seguido que las Cuarenta Horas o la Visita de la Corte de María. Pero el Diablo no ha querido jamás tal cosa.

Los que no están con Dios, están con él, y esa

fórmula económica, rápida, comprensible, sencillísima y simple, a la que aspiran las grandes religiones positivas, como el mahometismo y el buddhismo, por ejemplo, le basta al Diablo para asegurarse algo que vale más que el culto diario, que demasiado sabe no le ha de tributar jamás hombre alguno, cuando todo el que se le acerque ha dejado de ser constante con su Dios, y no ha de serlo con él excepcionalmente.

Las religiones del Diablo son las religiones cristianas debilitadas y enfermas en su fe, relajadas en sus constituciones fundamentales, burladas en el propósito de sus fundadores y olvidadas por los comprometidos por sus flaquezas, sublimadas y elevadas a sistema.

El lugar donde puede surgir una religión del Diablo es una religión monástica, una Orden religiosa, mejor dicho.

Las Ordenes (los agustinos, los dominicos, los jesuítas, los franciscanos) se llaman con gran propiedad religiones. Entrar en religión es entrar en una Orden, tomar su hábito y ajustarse a su regla.

Las Ordenes han surgido en el seno de la Iglesia, como en la historia civil los brazos del Estado o las clases: como direcciones normales de la voluntad colectiva estimadas las mejores. La rivalidad entre las Ordenes es una lucha de clases, que ha sido antes una guerra feudal. Contra los Pontífices han luchado los agustinos, los dominicos, los jesuítas, todas las Ordenes. Cada una, en un instante de la historia religiosa, ha tenido una gran figura frente al pontificado, que le ha obligado a tomar una dirección, como la nobleza de cada pueblo o las colectividades municipales, provinciales o profesionales han obligado al rey en otro tiempo, y al Estado, después, a seguir un camino en la normalización social. San Francisco, Santo Tomás, Santo Domingo, San Bernardo valen y significan más dentro del cristianismo que los pontífices de su época.

Lutero no hizo una religión del Diablo, aunque él fuera hijo suyo, según tantas veces se dice. Calvino tampoco hizo una religión del Diablo, aunque fuera tan cruel, tan seco, tan cronometrado en su moral como los relojes que siguen fabricando los suizos que le veneran.

Los templarios, los jesuítas y los satanistas han sido los únicos que han podido hacer cada uno una religión del Diablo, como estuvieron a punto de hacerla los carmelitas al ser igualmente soberbios y creer que el mismo Nazareno había pertenecido al Carmelo.

El primero de los casos es curioso. Los templarios se constituyen en 1118 para defender los Santos Lugares y auxiliar a los peregrinos. Pobres al principio, reciben auxilios de toda la cristiandad, y de nueve individuos se convierten en 300 antes de un siglo. Edifican el Temple en París, ocupan más de un tercio de la capital, y los humildes y abstinentes guerreros en el siglo XIII, tan pobres antes, tienen 9.000 castillos, plazas fuertes en todo el mundo, bienes propios en Francia, Inglaterra, España, en toda Europa, una jurisdicción exenta y un poder ilimitado.

Acaban por ser unos cristianos excepcionales y el Diablo les coge por la excepción.

Hay que ser templario para salvarse. Y ya en esa pendiente, el Diablo dentro de casa, es adorado, no porque él lo haya pedido, sino porque le regalan la adoración para exceptuarse del resto. Hay un rito de iniciación que vale más que el bautismo, y la iniciación, rebuscada, alambicada, humillante, para ligar al iniciado por un tremendo compromiso, es una impiedad de la que tiene que purificarse en la Orden, permaneciendo siempre dentro de ella.

El recipiendario insulta a la imagen de Dios, la niega remedando a San Pedro, para llevar su negación toda la vida, para purificarla con su acción en las armas y en los ritos, y la repite para estar siempre en sagrada deuda con Dios mismo.

Este peligroso refinamiento, debido al contacto de los templarios con Oriente, les llevó

a un sincretismo religioso que acabó última-
mente dando culto al Diablo para ofrecerse
luego como el hombre caído verdaderamente
digno de la redención y de la sangre de Dios.

Todo lo que pasó después es fácilmente ex-
plicable. Los templarios tuvieron la clave de
la verdadera intención divina y se vieron por
encima de los Papas, de los reyes y de toda la
cristiandad. Y soberbios y ensoberbecidos así,
distanciados de la sociedad cristiana, fueron
odiados, perseguidos, arruinados, empobreci-
dos y quemados vivos por Felipe el Bello y
Clemente V.

Se dijo que eran blasfemos, impíos, sodomi-
tas, avaros y que adoraban al Diablo, ya bajo
la figura de un gato, de un perro crucificado o
de un ídolo llamado *Baphomet,* que representa
un hombre sentado a la oriental o un macho
cabrío extrañamente monstruoso, como los so-
ñados en los Sábados de los Inquisidores: una
representación de Belphegor.

¿Qué hubo de cierto? Se sabe poco y se con-
jetura mucho.

Lo probable, en cuanto al culto satánico, es
que los templarios se influyeron de la ética
oriental sublimada por las enseñanzas del Buddha y que recibieron con todas las deforma-
ciones que les fueron servidas por los sarrace-
nos y con las que ellos podían recibirlas.

Uno de los Bafomet encontrados como propiedad de los templarios acredita esa relación, y parece que otros ídolos semejantes son casi análogos. El nombre del ídolo, sin explicar aún, se ha tomado como una corrupción del nombre Mahoma, unas veces, y otras, como contrac-

Supuesto «Baphomet» o ídolo de los templarios
hallado en Broc (Maine y Loira) en 1877.

ción del *Baphé métidos,* bautismo de la sabiduría.

Todo esto no quiere decir que adorasen al Diablo, aunque rindieran un culto a ciertos símbolos alambicados, que eran a la vez sufíes, gnósticos, cabalistas y adivinaciones de la verdadera teosofía.

Cuando Clemente VII acabó con los jesuítas,

como Clemente V con los templarios, también se habló del satanismo de los Padres de la Compañía. Pero lo único de común entre aquellos pontífices y sus víctimas fué: en unos, su debilidad de carácter, y en los otros, en los sacrificados, la misma avaricia.

Los adoradores del Diablo, menos discutibles, viven desde hace siglos en el Asia, en Mesopotamia, y se dedican a la fabricación de muselina. Son los yesidas, descendientes de los omniados y cismáticos dentro del Islam.

Toda su religión no tiene más que un templo, cerca de Mosul, y posee únicamente un objeto de adoración, que es un candelabro rematado en un pájaro de bronce, llamado Mael Tos, que es una figuración del Diablo presentado al Señor cuando terminó la creación del mundo pidiéndole que engendrase los contrarios para animar la existencia, como así lo hizo el Señor.

Y como hay, además de ese ídolo, una representación de la serpiente en la puerta del templo y las ceremonias son secretas, aunque las prácticas externas son perfectamente morales y humanitarias, el hecho es que se les achaca ser adoradores del Diablo a los yesidas, y con esa fama viven entre mahometanos y cristianos, practicando otros cultos en secreto.

Pero tampoco estos adoradores oficiales del Diablo son verdaderos adoradores del Espíritu del Mal y del enemigo de Dios. Ese culto es demasiado refinado para que lo puedan practicar los pueblos más retrasados, y de ningún modo puede sostenerse en serio que semejante culto exista.

Ha existido, sí, ese culto al Diablo, en Europa, entre nosotros, cuando, queriendo hacer la magia como una obra al revés, se le han rezado letanías, se le han hecho novenas y se ha celebrado la misa negra. La época de Luis XIV fué propicia para ello en Francia por la exaltación de la hechicería, que hubieron de emplear para atraerse al rey las que aspiraban a ser sus favoritas.

Una entre todas, madame de Montespan, desplegó un arte maravilloso para el caso; recurrió a la envenenadora Catalina Voisin y dejó que sobre su propio cuerpo dijera la misa negra el abate Guibourg. Pero sus artes no la valieron para sus propósitos, y, más hábil que ella, su aya, la modesta señora de Maintenon, supo apoderarse del rey, y no en una misa, pero sí en una misa extemporánea, celebrada ante el arzobispo de París por el P. La Chaise, en la que contrajo matrimonio con el rey.

Pero el verdadero culto al Diablo no surge sino en 1839, cuando apareció Pedro Miguel Vintras, presunta reencarnación del profeta Elías, que empieza por combatir las Misas negras, que acaba por celebrarlas, y que imitando la conducta del Diablo en el siglo anterior, se une a los señores Naundorff, pretendidos descendientes de Luis XVI y aspirantes al trono de Francia, para acabar la historia del nuevo Carmelo con un proceso por varias tentativas de estafa (1).

Mas las monstruosidades y extravagancias de ese satanismo ceden ante el luciferanismo denunciado por la *Semaine religieuse de Paris,* y el doctor Bataille, en un libro consagrado al *Diablo en el siglo* xix, lleno de revelaciones horribles, si no acreditasen una tomadura de pelo al famoso doctor, perturbado muy de veras por haber pasado el Ecuador muchísimas veces en calidad de médico mercante en la gran Compañía de Navegación de Tolón a Cochinchina (2).

---

(1) Eugenio Vintras, que se hacía llamar Stratanael-Elías, era un obrero en cartón, completamente iletrado, de Tilly-sur-Seulles, que en 1850, diciéndose enviado de Dios, anunciaba la venida del Paracleto. Se ofrecía como una encarnación del profeta Elías, y celebraba una misa negra con hostias milagrosamente manchadas de sangre. Condenado por el Papa y encarcelado en Caen por las autoridades civiles, como estafador, estuvo cinco años, saliendo para Inglaterra en 1845, donde aun vivió algunos años.

(2) El curioso libro del Dr. Bataille (pseudónimo del Dr. Hecks) *Le Diable au XIX siècle,* es a todas luces un libro fantástico, un libro que no puede tenerse en cuen-

El Diablo representan o la Herejía.—Escultura española del
siglo XVIII, existente en Gascueña (Cuenca).

(Documento comunicado al autor por el Sr. Cardenal, catedrá-
tico del Instituto de Cuenca).

En el último tercio del siglo xix no podía tener mucho crédito el Diablo, a pesar de tan extraordinarios acontecimientos. Los profesores de la Salpêtrière y los de la escuela de Nancy, acababan de evidenciar el valor de las enfermedades nerviosas y hasta las mismas doctrinas políticas aparecían explicadas como alucinaciones e irregularidades en la circulación. Sin embargo, el luciferismo originariamente nacido en Viena, la capital más elegante y alegre de Europa, se abría camino en París, y reuniendo en un círculo a literatos, financieros, políticos y mujeres galantes, sublimó la broma para asombrar a los burgueses, y se aseguró muy en serio que el luciferismo, estableciendo su sede pontificia en Charleston, tenía un Papa llamado Alberto Pike, un colegio de cardenales, entre los que figuraban Cornelius Herz, Bleichroeder, Hoenkel y lᵣ₅ profetisas Sofía Walder y Diana Vaughan, cuyas *Memorias* contribuyeron a proseguir y fomentar la farsa.

Satanás tenía su culto en todo el mundo y contaba con un templo en París, cerca del Corazón de Jesús, en la calle de Rochechuart. Allí,

---

ta ni tomarlo en serio. Hay que consignarlo así, porque sorprendió la buena fe de las personas cándidas y ha creado más satanistas por sugestión que los que pretendía combatir.

en el altar único, Lucifer se ofrecía con las alas desplegadas descendiendo del cielo, llevando en una mano una antorcha y en otra un cuerno de la abundancia. Además pisoteaba una corona y una tiara colocadas sobre un cocodrilo. Los cultos se celebraban los viernes, y se comulgaba con pan y vino.

Por si no era bastante la broma, *Leo Taxil* empezó a publicar grandes revelaciones sobre los ritos, y algunos escritores se inspiraron en el argumento de moda para sus obras, y en pro y en contra del Diablo se efectuaron algunos duelos, que por fortuna no acabaron de manera lamentable.

La decadencia literaria influyó mucho en el satanismo y luciferismo de aquellos días, y de un lado la investigación de nuevas formas, y de otro la reacción contra el materialismo de los naturalistas y de los médicos favorecieron el movimiento, que lejos, muy lejos de ser del Diablo, era la denuncia de su propia retirada del mundo contemporáneo, a lo menos en la forma que había conservado en sus tratos con los místicos y los santos.

El único diabolismo, más cerca del verdadero diabolismo, que había entonces en el mundo era un diabolismo africano, que Europa había transportado a América al sostener el comercio de los esclavos: el ñañiguismo.

Hoy ha desaparecido casi de Cuba esta extraña y curiosa mezcla de diabolismo y superstición, reduciéndose a una brujería inocente, recuerdo de una brujería cruel, salvaje y completamente primitiva.

Los ñáñigos fueron primero, en su origen, una sociedad, una asociación de color, creada por la igualdad en la desdicha. Los negros llevados a Cuba empezaron a reconocerse entre sí, como de esta o de la otra tribu africana, estableciendo una relación de pura simpatía al principio, de comunidad religiosa luego, para curarse en sus enfermedades, aliviarse en sus dolores, establecer relaciones sexuales y de auxilio y ayuda dentro de lo permitido en el régimen de esclavitud, todo ello alrededor del fetichismo del Congo y del Senegal, de donde procedían principalmente.

La natural evolución del movimiento lo precipitó en una tendencia política y revolucionaria, y el culto íntimo de los ñáñigos vino a ser un Sábado de la Edad Media celebrado por los negros una vez al año—el día de Reyes, 6 de enero—, en el cual, la licencia para celebrar una fiesta carnavalesca, les permitió en ocasiones realizar sangrientas venganzas.

Forma religiosa primitiva y elemental, fundada en la admiración al Mal y al Dolor antes que al Bien, que les era menos conocido, se convirtió muy pronto en un punto de convergencia de todos los descontentos y entraron en su seno los ladrones, los asesinos y los sectarios antisociales. Sin adorar con toda preferencia al Diablo, le concedían un lugar principal en su culto, y el personaje o sacerdote que lo representaba, dirigía las danzas religiosas, gobernaba las procesiones y recibía los juramentos de los adeptos al iniciarse en el rito.

Pero, ni aun así, el Diablo ha logrado tener una religión. No puede tenerla. Es una cosa contradictoria y absurda. Supondría un compromiso con el género humano, una alianza equitativa y justa con el hombre, y esa no puede celebrarla, porque la primera condición suya sería pedir auxilio para combatir contra el que le ha precipitado al abismo; es decir, un contrato con perjuicio de tercero, lo contrario de toda religión ideal, racional, positiva o como quiera que sea, que es un pacto mutuo, sin propósito de mal alguno, sino del bien para las dos partes.

CAPÍTULO XIII

PALEONTOLOGIA DEL DIABLO

Parentesco inevitable entre el Diablo y el Hombre.—El Diablo, niño.—El Diablo es un primate, como dicen los naturalistas.—El Diablo como mono.—Darwin o la nueva Eva.—La guerra contra los simios.—Tertuliano.—El simbolismo de los semejantes y la paradoja de la semejanza y de la diferencia.

Al ofrecer al Diablo como una sublimación animal, de los animales inferiores, no se le podía presentar muy separado del hombre porque, naturalmente, sus relaciones, hubieran sido muy difíciles.

Tanto el hombre como el Diablo, han ido evolucionando en la historia del mundo; pero siempre de una manera paralela y a la misma altura para poder establecer y sostener sus relaciones. Eso es lo que constituye la constante tentación por el Diablo y la conservación del pecado en la naturaleza del hombre. Un principio más fuerte aún que el de conservación de la energía.

Como desde luego no podemos aceptar, dentro de una civilización cristiana y de una cultura así adjetivada, más Diablo que el Diablo anatematizado por la Iglesia, para reconstruír las variaciones que el Diablo ha sufrido en la historia universal, no podemos recurrir, en modo alguno, a lo que pueden enseñarnos las representaciones diabólicas en las demás religiones.

Sin ser hoy, además, más creyentes los cristianos de nuestra época, tienen, sin embargo, caracteres dentro de la fe que no tuvieron ni pudieron tener los de los primeros siglos de la Iglesia. Los ataques del Espíritu del Mal han hecho más precavidos a los creyentes, y hoy tienen una fe más cultivada, más firme, contra la obra diabólica que en los tiempos pasados.

Las herejías han fortificado la fe. Como las persecuciones hicieron que fuera heroica.

Del corazón ha ido subiendo a la cabeza, y por obra de la apologética se ha hecho más cerebral, gracias a la obra de los Santos Padres y a las decisiones de los Concilios. A la fe cordial de los primeros momentos ha sucedido una fe más racional y más avisada, aunque siga siendo ciega.

El Diablo ha hecho que se mueva con más desembarazo, como si adivinase el espacio libre.

No hemos visto al Diablo siempre de la misma manera. Le podremos ver ahora como se le ha visto otra vez; pero también podremos

Diablo de la Catedral de Bourges.

verle como no se le ha visto jamás. Igualmente así, podemos ser tentados como lo han sido los demás y también tentados como no lo será nadie nada más que nosotros.

Rubens, copiando al Tiziano, ha corregido

183

el cuadro del Pecado Original, haciendo que un niño dé la manzana tentadora a la madre Eva. Es la única vez que en toda la pintura se ha ofrecido al Diablo de una manera más delicada y amable. Y fuera de esa vez siempre se le ha presentado en una sublimación animal, como un animal próximo al hombre, lo más humanizado que se le ha podido humanizar: como un hombre con cuernos, como un sátiro, como una especie de antropoide religioso, si se me permite decirlo así para expresar con toda claridad lo racional y lo absurdo de esa representación.

Verdaderamente, en esas representaciones estamos ante un ser natural que no podría clasificarse científicamente más que entre los primates, ni más ni menos que han colocado entre ellos algunos naturalistas a los grandes monos.

En las grandes intuiciones del mundo pagano, todos los seres demoníacos, en el sentido cristiano de esta palabra, son siempre animales y no afectan la forma de monos porque el dominio del planeta por el hombre ha ido alejando poco a poco de los centros de cultura a esos hombres condenados a vivir en la animalidad. Plinio habla de ellos como de seres malditos, que se parecen al hombre; pero apenas se mencionan en las épocas clásicas del mundo, así griega como romana. Hesiodo los considera también como malditos, y no aparecen entre los dioses ni los genios sino desfigurados, con presencia brutal pero contornos acusadamente humanos: los sátiros y los silenos.

Han sido inútiles los esfuerzos de los escoliastas y los gramáticos para dar una etimología de la palabra sátiro. Se ha creído que había en ella algo de saturación y plenitud, como conviene a los genios agrarios; pero realmente no fueron eso, ni tampoco fueron helenos jamás. El sátiro recuerda a la cabra, y el sileno al caballo. Son hombres vencidos que no pueden tomar otro desquite que la acción genésica, sin elevarse más allá de las funciones orgánicas. Se diría que adivinando la resonancia y atención que tendrían y llamarían a las gentes en lo futuro, los antiguos procuraron condenar al olvido a esos hombres vencidos.

Esa semejanza con el hombre, no advertida sólo en la antigüedad, ha servido también para designarlos por los hombres de ciencia. El crangután, recibe el nombre de *satyrum indicus,* como se designa al hombre-mono *mandrill,* consignando en el uno su semejanza con el sátiro de la fábula y la semejanza del otro con el hombre-*man,* hombre en inglés.

Lejos de ser una mera figura, que el mono es un remedo del hombre, es una realidad, y es

185

un hombre caído, un hombre no auxiliado, un hombre al que se le han negado todos los medios para elevarse, reduciéndolo cada vez más en un límite extremo. Mientras todas las variedades de la especie humana se conocen, las variedades infinitas de los monos no han llegado a ser sabidas hasta mediados del siglo pasado, cuando el Rev. Savage, en 1847, vió por primera vez, en el Africa occidental, al más grande de los antropoides: el pongo gorila.

Nos hemos separado tanto del mono, que parece como si las cosas hubiesen pasado de una manera poco digna para nosotros; como si hubiéramos abusado de nuestra superioridad. El hecho es que el mono ha ido reduciendo su área de población y que en Europa, por ejemplo, hace ya bastantes siglos que no existe, pues los de Gibraltar son verdaderamente africanos. En la cultura griega y en la cultura romana se consideran como animales exóticos. Y es más, cuando nuestra corriente cultural ha podido influír en Africa, en Asia o en América, el área de población de los simios se ha reducido, rechazándose a los límites geográficos de la cultura, como cada vez por la riqueza de las grandes capitales, los traperos, los gitanos y los mendigos se retiran a los límites abandonando sus predios y sus casas.

La idea de una relación más íntima entre el

hombre y el mono, la de una posibilidad sexual es, sin embargo, antiquísima. En la más remota antigüedad por la proximidad física de uno y otro y en los tiempos más recientes por los fantásticos relatos de los viajeros, que no podían resolverse a referir unos viajes sin aventuras y maravillas, ante un público que esperaba, desde luego, alguna novedad (1).

Y en cuanto el hombre abandonó su cuna, el mono la ocupó. La imaginada emigración de los arios, tan socorrida para explicar tantas cosas, requiere una concentración de los monos en la región que abandonaban los emigrantes. Y, efectivamente, la inmensa mayoría que no pudo salvar los mares se concentró en los bosques y allí se ha sostenido en nuestros días, ocupando el paraíso que abandonaban los hombres.

El *Ramayana* nos ha dejado un magnífico

---

(1) La fábula de esa unión sexual la encontramos, en su forma más aceptada y corriente, en el tomo II, página 119, de la *Histoire naturelle du genre humaine*, de J. J. Virey, París, 1824, donde se dice que una mujer portuguesa, naufragando en una isla, hizo vida con un mono, del que tuvo hijos, los cuales fueron precipitados al mar por su padre cuando vió escapar a la mujer en una nave que la sacó de aquel cautiverio.

La Inquisición de Lisboa—añade el historiador—la condenó al fuego; pero el rey la conmutó la pena y fué encerrada en un convento. ¡La mujer del Diablo, monja!

recuerdo de aquellas relaciones entre el hombre y los monos en las primeras edades del mundo. En la epopeya inda, uno de los héroes más importantes es el mono Hanumat. Ninguna otra religión, ni ninguna otra poesía, han tendido la mano a ese pobre desheredado (1).

Es inútil buscarle en ninguna parte. En la obra admirable *Il posto degli animali nel pensiero umano,* de la condesa Evelina Martinengo Cesaresco (Milán-Treves, 1914), pasan ante nosotros todas las sublimaciones, todas las piedades que el hombre ha sentido por sus "hermanos menores": el elefante que dirige el rey Akbar, los ciervos que adoran la rueda de la ley en la puerta de Sanchi; la tigresa buddhista, admirada por su talento; el gato de Egipto, el león de Libia, el reno del Norte, el caballo de los árabes, la vaca, los antílopes, los cier-

---

(1) Rigurosamente esto no es cierto; pero es tan excepcional la ponderación y exaltación del mono, que puede afirmarse como lo hago en el texto.

Los árabes consideran a los monos como hombres castigados. Entre los egipcios se puede sorprender algún mono en los panteones de sus diversos cultos. En la costa de Guinea y en el Senegal no es raro encontrar tribus que tienen por totem al mono.

Los tibetanos creen que su dios Cenresi, transformado en mono, tomando una mujer semejante a él, engendró tres machos y tres hembras, medio hombres y medio monos, de donde proceden los actuales habitantes del Tibet.

vos, los asnos, los pájaros, los peces, no hay un lugar para el mono, porque el mono no ha merecido jamás la consideración del hombre.

¡Qué escándalo, cuando en 1871, Carlos Roberto Darwin lanzó la primera edición de su *Descent of man!* No fueron los católicos, ni los protestantes, sino todos los hombres, que durante siglos y siglos habían trabajado para acabar con el mono, los que se sublevaron contra la obra del célebre naturalista, después de leerla demasiado de prisa.

Tengo idea de que hasta apareció una caricatura del Nuevo Pecado Original, ofreciendo a Darwin de Eva, recibiendo la manzana de un *anthopithecus erectus.*

El mono, tantas veces rechazado por el hombre, reclamaba un lugar que no había podido encontrar ni siquiera en las figuras heráldicas, ni en la designación de ninguna tribu primitiva, como el halcón, el oso, la grulla o el mochuelo, según las leyes del totemismo. Ningún pueblo ha querido descender del mono, ni le ha tributado culto. En sus más remotos antepasados o en sus cultos, han colocado los ainos y los rusos a los osos; los atenienses, a los mochuelos; los romanos, a los lobos; los franceses, a los gallos; los españoles, al toro; los belgas, al león; etc., etc. Y esa enemiga constante al animal más próximo al hombre, sentida en todas partes por igual, donde encuentra su expresión más definitiva es en la representación del Diablo. Todas las figuraciones y representaciones demoníacas no hacen más que seguir una evolución inconsciente para llegar a la forma definitiva del más aproximado al hombre. El Diablo ofidio, de los primeros momentos del *Génesis,* es como la primera personificación de lo repulsivo, que luego va ascendiendo en la escala animal hasta tener una forma humana. ¡Pero qué forma! Es un sátiro o un sileno, como los sátiros y los silenos de la antigua Tracia, que invaden el mundo griego. Es decir: un mono que pareciendo un hombre hay empeño en rechazarlo y colocarlo en un lugar más distante de la hominación para que nunca se confunda con nosotros.

Ya conocemos la razón y el significado de los cuernos demoníacos. Hemos creído justificar igualmente la constante permanencia del apéndice caudal, pero realmente no lo hemos logrado hasta ahora, cuando consideramos sobre la propia representación demoníaca, la fatal e inevitable dominante que inconscientemente hemos debido poner en la figuración del Enemigo del género humano: la expresión del caído.

Una lucha, no gigantesca, como la que hubo de sostenerse contra los monstruos, se debió efectuar en los comienzos de la cultura contra ese desventurado, rebelde a todo progreso por su excesiva movilidad. El estúpido obstáculo que ponía constantemente a la obra humana, más desesperante que el ataque de las fieras, atrajo sobre sí el primer odio del hombre, que late y vive todavía degenerado en desprecio en las personas más compasivas y cultas. ¿Sobre qué modelo mejor se podía imaginar al Diablo? Mejor dicho: ¿Sobre qué cosa peor podría haberlo colocado el hombre?

¡Qué peleas, qué riñas, qué batallas, entonces! Lo que el hombre acababa de arreglar lo desbarataba el mono. ¿No era para odiarle que el hombre de las cavernas viese su fuego apagado por los simios?

Y sabido ese odio contra el perturbador de tantas conquistas, de tan penosas adquisiciones, de conservaciones tan costosas, ¿de qué forma más terrible podía disfrazarse el Diablo para subyugar a los tímidos y tentar a los más fuertes? Las formas más nobles que ha ido tomando luego han sido liberaciones de la humanidad pecadora; pero no han sido menos terribles en el orden intelectual. La duda que persiste en el entendimiento humano la ha definido perfectamente Goethe, como un monstruo hermafrodita; lo que corresponde en el mundo de las ideas a la posesión del hombre por su propio Enemigo, en posesión infinita, sin separación posible, como una cópula que acaba con la muerte.

El Diablo como mono, está muy lejos de una tentación al hombre actual; pero puede hacerlo en los más degenerados y retrasados. Como puede todavía el hombre ser antropófago en la sociedad presente, aun teniendo alimentos para la vida, recordando la simiofagia que practicaba en aquellos combates con su enemigo, en los que acababa por devorarlo.

Humboldt nos ha hecho la siguiente descripción de esa práctica en Sudamérica: "La manera de asar estos animales antropomorfos contribuye mucho a que la operación sea repugnante para el hombre civilizado. Se fija en el suelo, a un pie de elevación, una especie de parrilla de madera muy dura; se dobla el cuerpo del mono desollado como para sentarle, y se le extiende entonces sobre aquélla de modo que se apoye sobre sus largos y delgados brazos, o bien se cruzan éstos sobre la espalda. Luego se enciende una hoguera, y la llama y el humo rodean el cadáver, asándole y ahumándole al mismo tiempo. Cuando se ve a un indígena comerse el brazo o la pierna de uno de aquellos monos, no puede uno menos de pensar que la costumbre de alimentarse con los animales cuyo cuerpo se parece tanto al del hombre, debe contribuír a que los salvajes sientan menos repugnancia por la carne humana."

"Los monos asados—añade el docto viajero—, sobre todo los que tienen la cabeza redonda y grande, se parecen a los niños, y por esto los europeos que comen esos cuadrumanos mandan quitar los miembros, no utilizando más que el tronco."

En la paleontología de nuestro espíritu, donde se conservan mejor que en las capas geológicas todos los acontecimientos del pasado y los sentimientos de ayer, yacen como fósiles en forma de instintos, está en las capas más inferiores la repugnancia por lo semejante, por el parecido, por el imitador. El mono, desde los tiempos más remotos, ha sido, en todas las fases de la cultura humana, la repetición incompleta del hombre. A lo lejos, la palabra que sirve para designarlo no expresa más que la injuria más despectiva que podíamos hacer a nuestro enemigo. Es el Semejante, el Parecido, nuestro Remedo. Y por una fatalidad de las cosas, de la misma naturaleza, Pitágoras, el persuasivo, recibe en parte su nombre por la seducción de sus palabras, por su condición de ofrecer el parecer, la semejanza. Sócrates se ofrece físicamente como un verdadero Semejante, como un simio. Una piadosa leyenda no da mejor rostro al Salvador de los hombres para significar que reunió en sí mismo todos los dolores. El mismo Buddha tiene rasgos de simio, y el propio redentor de los monos, Carlos Darwin, dió que decir, por parecerlo, que sus célebres investigaciones las hacía para justificarse a sí mismo y hacerse tolerable a sus prójimos.

Ese sentimiento de odio y aversión a lo que pretendemos que se nos quiere parecer, íntimo y profundo en el santuario de nuestro yo, constituye la paradoja suprema de nuestra existencia. Porque la secta, el discipulado, la escuela, el partido, el proselitismo, todo lo que debe seguirnos, ¿cómo pueden ser si no se nos parecen?

El Diablo moderno triunfa y vive gracias al poder de la repetición, de la multiplicación, de las copias, de la estampación, de las grandes tiradas y del agotamiento de los modelos repetidos hasta el infinito.

Esa sensación de lo repetido, de semejante, que se nos ofrece a lo largo del camino, provoca a su vez la ilusión de la quietud y del reposo, de la absoluta inmovilidad, perceptible, por ejemplo, en las tribus ainas supervivientes en el Japón, donde a fuerza de ver la misma cara, el europeo acaba por creer que no se ha movido de su sitio.

La diablería y lo diabólico no es más que

una mera apariencia. Y el odio contra ella significa, después de todo, el deseo innato en el hombre de conocer las verdaderas realidades, que no pueden ser iguales, idénticas, repetidas, sino personales, con individualidad acusada. Los fenómenos que vemos son las sombras de los verdaderos fenómenos que existen en el espacio, cuya percepción se niega a los que encerrados en la cueva del mundo, según la parábola de Platón, imposibilitados de volver la cara atrás, sólo pueden ver en el fondo de la cueva las sombras de los cuerpos y de las realidades que desfilan a su espalda.

¿Pero podría tentarnos algo que no se nos pareciese? Seguramente no. La liberación humana del poder del Diablo está en no crear una semejanza en el espacio, sino en poner en el ambiente una verdadera creación.

La proposición del Diablo en el texto que nos ha conservado el *Génesis* es verdaderamente clara: *Et eritis sicut Dii* (y seréis como dioses). Es decir, pereceréis, remedaréis a los dioses.

El papel y la función de imitador se ve perfectamente en esta primer tentación al género humano, como caracteres del Diablo. Y cabe así a Tertuliano el haberlo notado antes que nadie, dando al espíritu del mal el nombre más adecuado que le corresponde en un orden superior del pensamiento. El gran apologista cristiano dice, con entera propiedad y verdadero sentido: "El Diablo es el mono de Dios." Admirable descubrimiento que justificará ese odio humano hacia el mono, aun cuando el hombre deje de creer en Dios, porque entonces el mono será el mono del hombre.

Nuestro "semejante", vencido y abandonado a sus naturales instintos, no ha conseguido ninguna piedad por nuestra parte; pero quizá cuando el hombre alcance las cimas superiores del progreso y las de la bienaventuranza, tienda su mano a él y le ayude en la ascensión que han de efectuar todos los seres.

Y Dios, como un padre... no reñirá con el Diablo...
sino que le abrazará.
El Vagabundo. —W. BLAKE.

CAPÍTULO XIV

AMIGOS Y ADMIRADORES DEL DIABLO

Su primer adorador cristiano.—Los pintores hasta Mi- guel Angel.—En Holanda se viste de caballero.—Sus biógrafos católicos y protestantes.—Milton.—Goethe.— Perfeccionamiento de su retrato en Inglaterra.—Amigos que lo exaltan: Baudelaire, Carducci.—El tríptico de Werz.—La escultuva de Bellver.—El retrato de Papini.

Las primeras representaciones del·Diablo son deplorables. Se le imagina como el Mal hecho carne, y no se le quiere vestir de una manera presentable.

Los santos que le han visto, las personas que hablan de él, iluminadas por luces particulares, le presentan horrible, recargando cada vez más el horror en su figura y en su condición moral; y así llega un momento en que, desbordándose la concepción, adquiriendo una plasticidad por fuera para llegar a todos, se ofrece como algo tan grande, tan extraordinario y superhumano, que por encima del horror, produciendo admiración, llega a ser interesante hasta constituír una obsesión.

197

La primer admiración cristiana por el Diablo la provoca el Dante con *La Divina Comedia,* a fines del siglo XIII. El Diablo ofrece un espectáculo grandioso luchando por tener un territorio y alcanzar un poder. De hecho, aunque el poeta, siguiendo las enseñanzas cristianas, lo coloque en el fondo del Infierno, más allá de Caín y de Judas—esos superlativos de la mal-

El Lucifer de Milton, según G. Doré.

dad—, el Diablo se presenta como un poder frente al poder de Dios. Puede, ciertamente, menos; pero tiene una multitud de conquistas que le dan un prestigio.

Gasparri de Spinello lo dibuja en 1444 para que entre por los ojos de los que no le han conocido personalmente. Andrés Orcagna, o un condiscípulo suyo, ha fijado sus trazos en el cementerio de Pisa (1329-1369) mucho antes, poniéndolo a la consideración de los hombres en el lugar más grave y adecuado para las meditaciones.

La admiración va subiendo de punto a me-

El Diablo del Cementerio de Pisa.

dida que los rasgos del Diablo son más definidos, y el mismo Diablo se ajusta a ellos en sus apariciones a los bienaventurados.

Por mucho tiempo, para toda la Edad Media, en el orden moral no habrá más Diablo que el

Lucifer del Dante, como expresión culta de los creyentes que han de imaginárselo de algún modo antes de ser tentados. En lo físico, el Diablo tarda tiempo en adquirir una norma y un tipo perfectamente definido, por su propia condición prótea. Y como tarda en hacerse una cara porque no puede tenerla fija, porque tampoco la necesita nunca, la dificultad de crear un Diablo *standard* es insuperable. Hasta el siglo XVI no llega a tener un verdadero rostro humano, y lo tiene por obra de Miguel Angel, que lo pinta para la eternidad de los siglos en la Capilla Sixtina, haciéndolo entrar en la humanidad como un hombre llevando en su semblante la arrogancia del que puede partir una herencia con Dios.

Con menos gravedad, pero sin dejarlo de respetar un momento, produciendo siempre una admiración en el espíritu del hombre, una admiración sugestiva, paralizadora, que hace detener el paso y clavar la mirada, va adquiriendo mayor expresión el Diablo como adorno obligado de los templos. Quizá no es el Diablo lo que se ofrece a los ojos cristianos y creyentes, sino los diablos, sus obras, sus hijos, los pecados, denunciados como graciosas caídas del ánimo y ofrecidas en escenas que, provocando la risa del Señor, le deben mover a una absolución general, viendo en ellos diabluras de niño.

En Holanda empieza a vestirse el Diablo y a tener ese aire cenceño, gallardo y a la vez un poco cómico, que es lo característicamente diablesco que conservará en lo sucesivo en todas las encarnaciones civiles, de señor, de caballero, que siguen al Mefistófeles del Goethe.

Fijado así, el camino que le queda por recorrer es todavía muy grande, porque ninguna de esas grandes obras es verdaderamente universal y conocida.

Los biógrafos e historiadores del Diablo, demasiado admiradores del proteísmo de su héroe, asombrados de veras de la variedad de su acción, de la diversidad de sus ataques, del poder de transformación que lo caracteriza, se contentan en tomarlo cada vez tal como se presenta, sin perjuicio de humanizarlo. Lo que interesa ya, realmente, no es su aspecto exterior, sino su psicología. El Diablo por fuera está completamente terminado.

El Diablo del Sábado, de la Misa negra, es un Diablo bestial, muy lejos de ser humano, de toda apariencia humana. Los demonólogos y los primeros historiadores, si no de su persona, por lo menos de sus vicisitudes, hacen del Diablo un ser más inteligente de lo que ha sido hasta el presente, haciéndole actuar de una manera muy análoga a la de un hombre jefe de Estado.

El padre Antonio Martín del Río, jesuíta, que ha logrado familiarizarse con el Diablo, a comienzos del siglo XVII lanza una enciclopedia diabólica y de las artes infernales que no deja nada que desear en punto a información y curiosidad, así como en autoridades de todos los tiempos en confirmación de sus asertos. Y tan pronto como se publica su obra se convierte en definitiva para resolver en los casos de duda. El Diablo es un ente real, verdadero, capaz de transformarse a voluntad y de llevar a su término las más curiosas empresas, siempre que se lo proponga. El es el que obra sobre las hechiceras, dentro de ellas mismas, y se le puede reconocer fácilmente por las señales y los puntos insensibles que deja en los cuerpos una vez que los ha poseído.

El asunto y el estudio no son nuevos, aunque llamando la atención en los Países Bajos, vaya el libro con más fortuna a reproducirse en Alemania y en Francia. Más convencidos que el mismo jesuíta español, avecindado en Amberes, lo están Juan Bodin, abogado, hombre de gran entendimiento político, y que, soñando un mundo mejor para la vida diaria en su *República,* imagina al mismo tiempo un mundo demoníaco, muy semejante al mundo humano, en su célebre *Demonología;* y Pedro de Lancre, que llega a convencerse tan íntimamente del poder de los demonios y del Diablo, que no vacila en extremar la crueldad en las penas para acabar cuanto antes con la obra maligna que siembran en el mundo.

Las voces que se levantan contra esta barbarie pasan en medio del mayor desdén de los inquisidores. Ha sido inútil que Erasmo dijese que el pacto diabólico era más invención de los quemadores de brujas que una realidad. Los seis libros de Wier sobre los prestigios de los demonios abundan en la misma idea; pero Juan Wier, discípulo de Enrique Cornelio Agrippa, soldado, médico, abogado y teólogo, no puede ser oído en su alegato implorando clemencia para las hechiceras, aunque él sepa muy bien eso de la hechicería por haberla visto en Africa, y después en Creta, porque afirma, en último término, una cosa terrible, y es que los mejores servidores del Diablo son los mismos eclesiásticos.

Los mismos jesuítas, escandalizados de la barbarie de la Inquisición, protestan de la quema de tantas brujas y poseídas del Diablo, al que imaginan muy de otro modo. Los padres Adam Tanner (1572-1632), Pablo Laymann (1575-1635) y Federico Spee (1591-1635), agotaron todos los medios para salvar a los pobres locos condenados, sin perjuicio de afirmar la existencia real del Diablo y su acción sobre los hombres (1).

La persecución contra las brujas fué cesando poco a poco. En Holanda y en Suiza, desde comienzos del siglo XVII acaba por completo. En Inglaterra, al finalizar el siglo, y en los demás países mucho más tarde.

Así es que todavía puede oírse la voz de un amigo del Diablo, del cura Baltasar Bekker, en favor de las víctimas. Su famoso libro *El mundo encantado,* divertido y crédulo, es una obra de piedad, donde el Diablo tiene mucho del Diablo que han imaginado y pintado los pintores flamencos, desde Bosch a Tenicos. Lejos de ser muy temible, es casi regocijante.

El Diablo ha cambiado bastante al entrar en la Edad Moderna, según la antigua clasificación de la historia. Lutero le ha hecho un disputador tremendo, irascible, terco, demasiado metafísi-

---

(1) De la curiosa obra de Frederic von Spée, *Cantio Criminalis,* publicada primero en latín y sin autor en Francfort, en 1631, hay una versión francesa más accesible. *Adois aux criminalistes sur les abus qui se glissent dans les procés de sorcellerie. Dedies aux magistrates d'Allemagne. Liore necessaire en ce temps ici a tous jages, consseillenos, confesseurs (tant de juges que des criminels) inquisiteurs, predicateurs, advocats et même aux medecins.*—Lyon, 1660.—Un vol, en 8.°

co y dogmático. Así ha recorrido el mundo ofreciéndose en las obras de arte literario. El Diablo de Calderón es un teólogo muy razonable; el Diablo de Milton, siéndolo también, tiene, sin embargo, caracteres de grandeza que jamás había tenido hasta entonces. Pero está muy por encima de las cosas humanas, habiendo tenido gran cuidado el poeta de conservarlo siempre a la mayor altura, viéndolo en el trabajo de corromper a los primeros padres del género humano, y no en los menesteres pequeños de las tentaciones vulgares y corrientes. Las soñadas afirmaciones de la monarquía infernal se confirman en *El Paraíso perdido,* y el Diablo es, efectivamente, un monarca, un monarca condicionado y todo, como se van condicionando los monarcas en Inglaterra y se han condicionado antes en el reino de Aragón. Genio del mal, corruptor de los hombres, enemigo de Dios, adquiere una grandeza que es un poco perjudicial para el Cristianismo, como lo es para un ejército el reconocimiento de las buenas cualidades del contrario. Por eso, en las artes plásticas, la obra de Milton no ha influído de una manera definitiva ni constante.

Daniel Defoe, el desgraciado autor del *Rotinsón,* amigo personal del Diablo, al trazar la historia política y social de su amigo, puso todos los reparos necesarios a la obra de Milton; pero ninguno de ellos le despegó de la grandeza que le legó para siempre el poeta puritano.

Así es como entra el Diablo en los tiempos anteriores a la Revolución francesa y cómo le coge Goethe en 1790 para ofrecerlo en el *Fausto*. Es menos espíritu, y menos protestante que en los días de Milton; pero está más cerca de los hombres. Se mueve entre ellos y procura servirlos sacándolos de sus apuros, inventando el papel moneda o sujetando el rayo. Buen amigo y admirador del Diablo, "el Júpiter de Weimar" le hace humano; pero le aleja un poco del Cristianismo. Le ha entregado a la admiración de las gentes y ha inspirado a los pintores, a los escultores, a la música y a los mismos poetas que se han seguido después. Lord Byron vuelve a recoger al Diablo en su *Caín* (1822), y lo vuelve a la Iglesia haciéndolo maniqueo.

Pero el gran amigo del Diablo, el que le ha de poner para la admiración futura, como elemento de arte, es Juan Cristóforo — ¡qué dos nombres!—, Federico Schiller, al sentar la idea de lo sublime de mala voluntad como teoría del arte, y elemento estético para la vida (1759-1805).

Las visiones más claras del mundo demoníaco, que como un polvo invisible rodean al hombre, las ha trazado al mismo tiempo (1757-1827) el visionario William Blake, el mejor comentarista de Swedenborg. Nadie ha visto el mundo de los vampiros y los paisajes de los infiernos como este poeta, místico y grabador admirable. El diabolismo que le domina le lleva a hacer del Diablo un gigante y a imaginar la

Vampiros.
(Notas de un libro de apuntes de W. Blake.)

existencia como una pesadilla horrible. Lo único que parece digno del dibujo, del grabado y de la poesía, no es más que este mundo de fantasmas que Blake encuentra por todas partes, y que en los mismos días ve nuestro Goya con mayor regocijo y traslada en sus *Caprichos*.

Los problemas religiosos, menos considerables ya que en otro tiempo, no son un conflicto para los hombres. El Diablo se deshace. Los acontecimientos del mundo, demasiado materiales, no dejan lugar ni a la obra.

La Revolución francesa ha sido ineficaz y el Romanticismo lo va siendo también para la vida. Hay un agotamiento demasiado grande. Lo oscuro, lo tenebroso, la fatalidad, la sangre de la guillotina, las fatigas del Gran Ejército, las vagas inquietudes de las masas que no se han remediado aún, recordando en su aburrimiento, queriéndolo sacudir, invirtiendo el Cristianismo que les queda, no tienen más recurso en 1857 que rezar a Satán, Satán, el Adversario.

El Diablo ha desaparecido de la escena.

El joven Baudelaire reza por los desesperados.

LAS LETANÍAS DE SATANÁS

¡Oh, tú, el más bello y más privado de alabanzas!
¡Oh, Dios, a quien la suerte truncó las esperanzas!
¡Satán, apiádate de mi larga miseria!

Príncipe del Destierro, con quien se ha sido injusto,
y que vencido siempre, se yergue más robusto,
¡Satán, apiádate de mi larga miseria!

Tú, oculto sabedor de cosas subterráneas,
familiar curandero de angustias momentáneas,
¡Satán, apiádate de mi larga miseria!

Tú, que hasta a los leprosos y a los malditos parias
les das del paraíso nostalgias solitarias,
¡Satán, apiádate de mi larga miseria!

EL DIABLO: SU VIDA Y SU PODER

¡Oh, tú que de la Muerte, besándola en la boca,
engendras la Esperanza—encantadora, loca!—
        ¡Satán, apiádate de mi larga miseria!

Tú, que das a los reos la mirada serena
que, en tono del cadalso, al público condena,
        ¡Satán, apiádate de mi larga miseria!

Tú, que sabes del mundo en qué grietas sinuosas
el Dios celoso oculta las piedras preciosas,
        ¡Satán, apiádate de mi larga miseria!

Tú, cuyo ojo conoce los hondos arsenales
donde duerme el suntuoso pueblo de los metales,
        ¡Satán, apiádate de mi larga miseria!

Tú, que mágicamente aligeras los huesos
del borracho a quien ladran de noche los sabuesos,
        ¡Satán, apiádate de mi larga miseria!

Tú, que por consolar al débil cuando sufre,
a mezclar nos enseñas salitre con azufre,
        ¡Satán, apiádate de mi larga miseria!

Tú, que pones la marca, ¡oh, cómplice sutil!,
sobre la dura frente de Cresus, torpe y vil,
        ¡Satán, apiádate de mi larga miseria!

Tú, que das a las mozas de fantasías vagas,
el culto a los harapos y el amor a las llagas,
        ¡Satán, apiádate de mi larga miseria!

Bastón de desterrados, lámpara de inventores,
confesor de los reos y los conspiradores,
        ¡Satán, apiádate de mi larga miseria!

Padre adoptivo de los hijos cuya madre
echó del Paraíso, colérico, Dios Padre,
        ¡Satán, apiádate de mi larga miseria!

PLEGARIA

¡Gloria a ti y alabanza, Satán, en las alturas
del cielo en que reinaste: y gloria, en las negruras
del infierno en que sueñas, silencioso y vencido!
Haz que un día mi espíritu repose complacido
contigo, bajo el árbol de la ciencia, ¡oh, Satán!,
cuando, moderno templo, sus ramas se abrirán.

Trad.º de
EDUARDO MARQUINA.

Hay mucha debilidad en este poema. Es un
rezo, una plegaria, una súplica; pero es característico de la edad. Satán había aparecido ya
en 1823, en los Vosgos, inspirando a Alfredo
de Vigny su *Eloa,* la víctima femenina y angélica del Diablo, que ya había perdido este nombre. El triunfo no le había satisfecho. "¿Serás
más feliz? ¿Estás contento?—pregunta aquélla,
y el Diablo la responde: —Más triste que nunca. —¿Quién eres, pues? —Satán."

Satán, entristecido, recorre todo el mundo, y
es inútil implorarle, aun recogiendo para el
caso una de las formas más antiguas de la súplica, repitiendo hasta el cansancio la palabra
de súplica para que el dispensador no la olvide.

El Diablo estaba de luto hacía tiempo por la
muerte de Dios. Enrique Heine había dicho a
su hora que al aparecer la *Crítica de la razón
pura,* de Emanuel Kant, había sonado la campanilla del viático que le suministraban al
Creador expirante.

Ya no se veía a Dios.

¿Por qué te ocultas cuando a ti clamamos
con queja inútil y profunda pena?

preguntaba Anthero de Quental al Señor, desde Oporto, a mediados del pasado siglo, y el Señor, desde lejos, le decía:

—¿De qué os quejáis, hijos del ansia ardiente?
Yo también, a mí mismo, eternamente,
me busco... sin hallarme todavía.

Negado Dios, ¿para qué ha de servir el Diablo? Si el Demonio tuviera espíritu de conservación, su rencor contra los hombres por esa obra no tendría fin; pero aprovechando aquellos instantes de embriaguez humana por las grandes conquistas en las ciencias y en las artes, suplantándole una vez, he aquí que quiere inaugurar su reino.

La alucinación satánica no se ha expresado jamás de un modo más brillante, más avasallador y más llena de sí misma que lo hizo en Italia en 1865, por boca de su grande y épico poeta, Jusué Carducci en este célebre himno:

A SATANAS

Por ti, principio inmenso de la existencia, materia y espíritu, razón y sentimiento; mientras centellea el vino en los cálices, como el alma asoma a los ojos, mientras sonríen la tierra y el sol y se cambian palabras de amor, y corre el espasmo de una boda misteriosa desde los montes, y fecundiza palpitante el llano; desenfrenando el atrevido verbo, te invoco, ¡oh Satanás!, rey del convite.

¡Fuera tu hisopo, sacerdote! ¡Fuera! Satanás no retrocede.

Mira: el orín roe la mística espada de Miguel, y el leal arcángel, desplumado, cae en el vacío. Se le ha helado en la mano a Jehová el rayo.

Meteoros pálidos, planetas apagados, parecen los ángeles cayendo del firmamento.

En la materia, que jamás duerme, rey de los fenómenos, rey de las formas, sólo vive Satán. En el relámpago trémulo de su negra mirada tiene su imperio, atrayendo las que se desvían.

El brilla en la alegre sangre de los racimos para que la fugaz alegría no languidezca, para restaurar la fugitiva vida que prorroga el dolor y el amor anima.

Tú respiras, ¡oh Satán!, en el verso mío, de donde sales desafiando al Dios de los malos pontífices, de los reyes crueles; y como un rayo conmueves los cráneos.

Por ti viven Agramaino, Adonis y Astarté, y viven los mármoles, los cuadros, las pinturas, y cuanto de las serenas auras de Jonia dió la Venus Anadiómene.

Por ti se estremecen las palmeras del Líbano

y el alma de Cipre ha vuelto a ser amante. Por ti bullen las danzas y los coros. Por ti las vírgenes desfallecen de amor, cabe las odíferas palmas de Idumea, donde blanquean las espumas cípricas.

¿Qué importa que el bárbaro nazareno, en el furor de los ágapes del obsceno rito, con la antorcha sagrada incendie los templos y avente sobre la tierra los sueños argólidas? A ti te acoge entre sus dioses lares la plebe, que te recuerda en el hogar; y una mujer, palpitante el seno, henchido y encendido por el genio del amor, la pálida hechicera, con eterno cuidado, vuelve a remediar a la naturaleza enferma.

Tú, al ojo inmóvil del alquimista, y al indócil del mago, en los claustros incultos, les revelas los fulgores de nuevos cielos. Mientras, en la Tebaida, el solitario eremita se esconde.

Pero cuando pasas eres bendecido, Satán. He aquí a Eloísa.

Te atormentan en vano bajo el áspero sayal; tú murmuras los versos de Horacio y de Virgilio entre los salmos davídicos y los cantos funerales; y las formas délficas olvidadas tiñen de rosa la hórrida compañía de las ménades Licórida y Glícera.

De otras imágenes de más bella edad se pueblan las insomnes celdas, y por ti las páginas de Tito Livio despiertan ardientes tribunos, cónsules y agitadas muchedumbres; y lleno de italiano orgullo, te empuja, ¡oh fraile!, al Capitolio.

Nada destruye las voces fatídicas de Wicleff y Juan Huss; en el ambiente se oye tu vigilante grito, y se renueva el siglo y se llena la edad.

Tiemblan las mitras y las coronas; la rebelión se levanta en el claustro, y lucha y predica bajo los hábitos de fray Jerónimo Savonarola. Arroja su sayal Martín Lutero y rompe sus cadenas el pensamiento humano. Y espléndida, fulgurante, sobre las llamas, se yergue la materia. ¡Satán ha vencido!

Un bello y hórrido monstruo, desnudándose, corre los mares y corre la tierra, rojo y humeante como los volcanes; cae sobre los montes, devora los llanos, se cierne sobre los abismos, se esconde en profundos antros y surge de nuevo. Indómito, de extremo a extremo como una tempestad, lanza su grito mugidor. Es que pasa, ¡oh, pueblo!, Satán, el grande.

Pasa benéfico por todas partes, sobre su insostenible carro de fuego.

Salve, ¡oh, Satán! ¡Oh, rebelión! ¡Oh, fuerza vindicadora de la razón humana! ¡Elévense para ti, sagrados, el incienso y los votos! Has vencido al Jehová de los sacerdotes.

El poema de Emanuel Hiel, consagrado a

Lucifer (1886), es muy inferior al himno de Carducci. El poeta belga no tiene el entusiasmo ni el estro del poeta italiano. Pero a otro belga, al maravilloso y desconocido Wiertz, corresponde, en cambio, haber fijado con el pincel los rasgos inconfundibles del Diablo, del Diablo cristiano, del Diablo como se puede ver, y ha de verlo ahora todo hijo de los hombres que sufra tentación (1).

Se encuentra formando parte de un tríptico del autor existente en el Museo de Bruselas. Nada recuerda en los primeros momentos al Diablo tradicional, con rabo, cuernos, pesuñas de sátiro y el pergenio negro. Y sin embargo, la belleza de las líneas nos recuerdan la opulencia sensual al calor de la carne, se ve en el fondo de sus negros ojos el orgullo que sufre, en los rincones de sus labios la ironía, y su gesto arrogante en el *Pecado de Eva,* como su sentimiento de derrota en *La muerte del Cristo.*

---

(1) Antonio Wiertz (1806-1865) tiene un Museo propio en Bruselas, cerca del Jardín Zoológico y de la estación de Luxemburgo. El tríptico de que hago mención, titulado *Cristo en el sepulcro,* representa en el centro a *Jesús, muerto;* en el cuadro de la izquierda, *La tentación de Eva,* y en el de la derecha a *Satanás.* Es el número 23 de las obras del artista. El *Museo de Wiertz* tiene un registro en su vestíbulo donde pueden consignar con entera franqueza y libertad sus impresiones los visitantes de la galería.

El Diablo antiguo está bien en las marcas de fábrica, aunque por una fatalidad supersticiosa arruine casi siempre a los industriales que se arriesgan a registrarla.

En la escultura, el Diablo ha regresado a España. Desde 1881, en Madrid se ha elevado un monumento al Angel Caído, colocándole en el centro de las grandes tentaciones de la España de la Restauración y de la Regencia. Ricardo Bellver, el escultor que hizo la obra, situada en el paseo de Coches del Retiro, por rara coincidencia del Destino fué un escultor sin dedos, con las manos más absurdas y predispuestamente diabólicas para modelar al Diablo. Pocas obras tan bellas hay en Madrid como este monumento, y ningún Angel Caído tiene la expresión de grandeza, aun en su caída, como este ángel del escultor madrileño.

Esta obra es, realmente, la más bella y completa que salió de las manos de su autor, mucho más admirado por ella que por las imponentes figuras de San Andrés y San Bartolomé, que forman parte del apostolado de la iglesia de San Francisco el Grande, de Madrid, y que ejecutó con menos inspiración que la del Diablo.

El Diablo cantando es un absurdo. Ni el *Fausto* de Gounod, ni el *Mefistófeles* de Boito tienen nada diabólico.

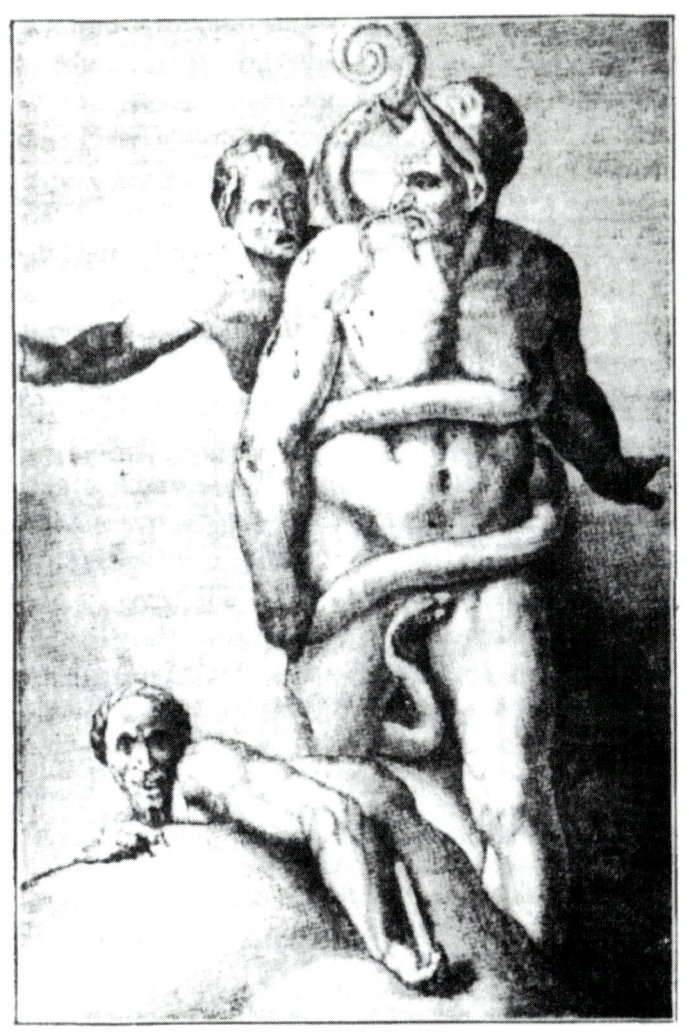

El Diablo.—Fragmento de «El juicio final», de Miguel Angel.
(Roma: Capilla Sixtina.)

Más real, más verdadero es el retrato que nos ha dejado Papini en una de sus prodigiosos ensayos: *El demonio me dijo.*

"El Demonio — dice —, tal como se ha presentado ante mí, al menos, es una figura enormemente sugestiva y que sale fuera de lo vulgar y plebeyo. Es muy alto y muy pálido; es todavía bastante joven, pero su juventud es de aquellas que han vivido mucho y que son más tristes que la vejez. Su rostro, blanquísimo y alargado, no ofrece otras particularidades que la boca sutil, cerrada y estrecha, y una arruga, única y muy profunda, que se levanta perpendicularmente entre las cejas y se pierde casi en el nacimiento de los cabellos. No he sabido nunca de qué color son sus ojos, porque no le he podido nunca contemplar más de un instante; y no sé tampoco de qué color son sus cabellos, porque un gran gorro de seda, que no se quita jamás, los esconde cuidadosamente. Viste de negro, y sus manos están siempre, invariablemente, enguantadas."

Mas este Diablo triste, que aun insiste en justificarse ante los hombres, se va deshaciendo poco a poco, y es difícil que vuelva a presentarse a los hombres.

Un tanto fastidiado de tantas luchas, se ha

hecho algo misántropo; y misántropo de veras, en la verdadera acepción de la palabra, se aleja y se separa de los hombres con un nuevo castigo que no esperaba: el desprecio hacia ellos.

CAPÍTULO XV

LA LUCHA POR LA VIDA EN EL DIABLO

El siglo xviii fatal para el Diablo.—El magnetismo animal.—Cagliostro, otro Mesías del Diablo.—Disolución del Diablo en las Sociedades secretas.—El anhelo por el Diablo.—El espiritismo.—El Diablo, demócrata.—El Diablo, reformista.—El Diablo, redimido.

El siglo xviii es fatal para el Diablo, como han procurado los materialistas y los ateos que lo fuera para Dios.

En las clases elevadas y directoras trata de influír por medio de personajes equívocos, que revestidos de condiciones excepcionales, parecen a ratos reencarnaciones suyas o cuerpos prestados para vivir así entre los hombres. Mesmer y Cagliostro aparecen un momento como misioneros del Diablo, y se adueñan de la opinión, dejando en la conciencia colectiva la vehemente sospecha de que ha pasado el Diablo sobre la Tierra. Los conventos han sufrido mucho por los asaltos del Diablo en los religiosos y en las religiosas, como por el contacto que han tenido con el mundo al revelarse la existencia de las posesiones diabólicas y de los excesos del Maligno.

La separación completa del fuero civil del fuero eclesiástico, hace que las grandes tentaciones pasen inadvertidas, dejando de ser pecaminosas y considerándose muchas veces como disculpas de los reos, que sonríen los jueces y sirven de atenuante al castigo, disputando en los casos de comedia mejor representada, a los que se denuncian como poseídos, por ilusos o enfermos.

Voltaire, en su *Diccionario filosófico,* dice con toda claridad: "Los vaporosos, los epilépticos, las mujeres atacadas en el útero, pasan siempre por ser víctimas de los espíritus malignos, de los demonios maléficos y de las venganzas de los dioses." En lo sucesivo, en consecuencia, el Diablo tiene que presentarse ofreciendo mayores garantías a los jueces, y, sobre todo, a los médicos.

Y como su obra encuentra tan molesto obstáculo, la dirige de otro modo, evitando su presencia, actuando desde lejos, muy en secreto, utilizando siempre a un escogido, que seguramente ha celebrado un pacto con él.

El dragado de la plata y del oro, que desde el descubrimiento de América hizo España en su imperio, provocó tantos deseos de riqueza, que los que no podían enrolarse en la nao de un pirata para buscar el oro, procuraban ajustarse con el Diablo para obtenerlo cualquier noche en su alambique, que había de acabar por arrojar con abundancia el metal amarillo. De esa avaricia materialista, tan excesivamente material, más que del materialismo y del sensualismo filosóficos, tan en boga durante la época, surge el misticismo diabólico, que aparece un poco después.

Para la consecución de la Gran Obra, para la obtención del oro, hay que cumplir ciertos ritos, es necesario un formalismo, una preparación, un misterio que acaba por ser una mística absurda, disparatada, pero seguida al pie de la letra por los pobres avaros y necesitados que sueñan con transmutar los metales.

Esta fiebre sube de punto en los días de Luis XVI, y las gentes están enfermas. Entonces, procedente de Viena, aparece en París Antón Mesmer, el gran mago, que cura todas las enfermedades por la transmisión de su flúido por los ojos y las manos. El cuartucho que le sirve de consulta es insuficiente para atender a todo el público; acaba por ser el médico de moda, y cuando María Antonieta no disimula su admiración por el magnetismo, todo París pasa por las manos de Mesmer para curarse. Se ha dicho que en cinco años magnetizó más de ocho mil personas, y es posible que fueran más todavía.

¿Era el magnetismo una obra diabólica? Alguien lo creyó así, y estuvo en poco que Mesmer no fuera juzgado por los tribunales. Una vez que Luis XVI iba a misa, atravesando rápidamente la multitud, un hombre bien portado, arrojándose a sus pies, exclamó:

—Gracia, Majestad: el condenado de Mesmer me ha embrujado.

—Señores—dijo el Rey volviéndose hacia su limosnero y chambelanes—, se trata del Diablo, y este asunto os pertenece.

El pobre hombre pasó unos días en la Bastilla, más como enfermo que como endemoniado.

Las curaciones prodigiosas de Mesmer, fuera de la terapéutica conocida, concitaron contra él los odios de los médicos. Cinco miembros de la Academia de Ciencias, entre ellos Lavoisier, Franklin y Bailly, estudiaron el asunto e informaron al Rey condenando en absoluto el sistema y señalándole peligroso para la moral y la salud públicas.

En 1785 Mesmer abandonó Francia, desacreditado, es verdad; pero habiendo enseñado un nuevo camino del Diablo.

Mesmer no había descubierto nada nuevo. Paracelso, Glocenio, que escribió un **tratado** sobre la cura magnética de las llagas; Van Helmont, Roberto Fludd y muchos otros conocían el procedimiento terapéutico que Mesmer acaba de disculpar.

El Diablo había pasado y muchas gentes se quedaron sin haberle visto, desconsoladas; pero quedaron inquietas y predispuestas para recibir una nueva visita, si se dignaba volver al mundo.

Calientes las cenizas de la gloria de Mesmer, procedente de Estraburgo, el 19 de septiembre de 1780, aparece en París el famoso Cagliostro, el Mesías del Diablo, tan deseado entonces. Pródigo, suntuoso, afable, de bondad ilimitada, visitaba a los pobres, curaba a los enfermos, aconsejaba a las gentes y derrochaba una fortuna sin que nadie le hubiera visto un saco de dinero ni entrar en una casa de banca.

La leyenda empezó a ornarle. Se decía que era muy parco, frugal, y que dormía sólo algunas horas, descabezando el sueño sobre un sillón. Se contaban de su ciencia maravillas. Interpretaba los sueños, conocía las propiedades de las piedras, las virtudes de las plantas, adivinaba los pensamientos, evocaba a los espíritus y tenía el secreto de la transmutación.

Grueso, de estatura regular, con los ojos un poco saltones, atraía la atención de los interlocutores, y afectando una cortedad de vista que acaso no poseía, sabía desentenderse de los inoportunos.

Había viajado tanto y visto tantas cosas, era tan insinuante en su conversación, que se hacía amable y cautivante. Encontró amistades en seguida y las buscó en las clases elevadas, entre el cardenal de Rohan, Miromesnil, Ségur, Vergennes, Polignac, llegando hasta María Antonieta y Luis XVI.

Tuvo la suerte de curar al hermano del cardenal Rohan, suministrándole un elixir maravilloso, y eso acrecentó su popularidad; pero complicado en el robo del collar de la Reina, poco clara su actitud en el asunto y visiblemente engañador del cándido cardenal, hubo de salir de Francia, yendo a morir, después de mil vicisitudes por Inglaterra, Alemania, Suiza e Italia, en 1795.

El secreto del oro y el de evocar los muertos le dieron a Cagliostro toda su popularidad, porque facilitaba oro a algunas gentes y ofrecía en su propia casa algunas evocaciones. Referíase que una vez, habiendo invitado a comer a seis personas de calidad, tuvo la humorada de proponer que se doblara el número de comensales sacando de sus sepulcros a Diderot, Dalembert, Voltaire, Choiseul, el abate Voisenon y Montesquieu.

Pero el secreto de éxito estuvo en que, conociendo la debilidad por lo maravilloso, constituyéndose en enviado secreto de poderosas entidades, creó una sociedad masónica donde se enseñaba el ocultismo, bastante diabolismo y un poco de política contra el régimen antiguo, que veía derribarse, y cuya ruina predijo en una carta a los franceses, diciendo entre otras cosas: "La Bastilla será totalmente destruída, y su solar quedará convertido en paseo."

El Diablo tampoco se dejó ver en los días de Cagliostro; pero luchó denodadamente para que no se olvidara su nombre. Y, efectivamente, fué recordado por cuantos conocieron al gran mago. Demasiado diluído entre los hombres, diríase que no tenía fuerza para individualizarse y reducirse a una sola persona. Influía tanto sobre las gentes, que su facultad de ubicuidad y de multiplicarse hasta lo infinito le impedían determinarse en un número reducido de hombres. Cuando estalla la Revolución, bajo ella estallan los poderes diabólicos, siendo cada individuo como un casco de metralla de la explosión. El problema religioso, afrontado con gran simplicidad: creer o no creer, apareja la muerte del mismo Diablo, y, naturalmente, el mismo Diablo se resiste a ello.

Las asociaciones secretas, nacidas para el auxilio contra todas las tiranías, organizadas primeramente por elementos extraños entre sí, de diferentes países, con lenguajes distintos, pero congregados todos por la necesidad del pan, compañeros de veras frente al director de la obra que ellos han de erigir, contienen un elemento de fraternidad y de humanidad que no está en la sociedad de la Edad Media ni de la Edad Moderna, y que en cuanto se desarrolle cambiará el mundo. Todos los adeptos están perseguidos en la vida real según la posición que en la vida ocupan, y todos arrostran una ira común, sufriendo un menosprecio en su economía. No tienen la retribución que merecen y ven detentado su jornal los más inferiores, limitada su libertad los más elevados y estrangulado su pensamiento los más sabios.

Cada sociedad secreta es un infierno dantesco, donde el prestigio de los iniciados se agiganta al pasar a cada grado para conocer en él 'la desigualdad que sufre.

La Revolución abrió las puertas de esos infiernos, que los había en Inglaterra (la Masonería), en Alemania (los iluminados), en Francia (las logias, creadas por Cagliostro, y los clubs revolucionarios, luego) y en todas partes, bajo tierra, escondidos, porque el Diablo se había hecho troglodita al buscar el oro para los hombres y se había quedado en las cuevas, alejándose un poco de los hombres.

Los beneficios de la Revolución se compraron con muchas víctimas, y las víctimas vivas, clamando por las víctimas muertas, asesinadas y matadas, provocaron una reacción espiritual por el estado de dolor y desconsuelo humanos Todo el mundo, como en las pérdidas recientes de familia, seguía oyendo las voces de los muertos y tropezaba de pronto con los rostros de aquellos desaparecidos al volver una esquina, al levantarse de la cama o al volver la cabeza en el despacho, tras un trabajo prolongado más allá de lo debido.

Los dolores pasados, corporizados en el espacio, eran los fantasmas sinnúmero que esperaban hablar y ponerse en contacto con los vivos.

El milagro deseado se realizó por fin, y fué echacado al Diablo, al Diablo que, no resignándose a morir, quería intervenir en la vida.

En una modesta casita de Hydesville, cerca de Nueva York, en los Estados Unidos, empezaron a ocurrir fenómenos extraordinarios. Las señoritas Margarita y Catalina Fox, hijas de los dueños, empezaron a oír unos ruidos raros, primero, y unos golpes violentos, después, que parecían inexplicables. Luego, unas manos misteriosas, sin pertenecer a ningún brazo, les acariciaban la cara o les tiraban de los vestidos. Primero sintieron un miedo horrible; luego trataron de comprender los sucesos, imaginaron que algún espíritu quería hablar con ellas; intentaron comunicarse con él, acordaron que por el número de golpes obtendrían contestación a sus preguntas, y una vez hecho el alfabeto, la revelación no se hizo esperar.

Efectivamente, el espíritu de Carlos Rosna reveló que había vivido en aquella casa, que había sido asesinado y que sus restos mortales, ocultos por el asesino, se encontrarían en una cueva. Se hizo la investigación y pareció el esqueleto. A esta revelación siguieron otras tan curiosas y extraordinarias. Los hombres más célebres de la humanidad acudieron a los Estados Unidos, llegaron a Hydesville y hahablaron con las señoritas Fox, que tenían entonces doce y quince años, respectivamente.

El espiritismo acababa de nacer, y nacía, según las primeras observaciones de los sacerdotes católicos, como una obra del Diablo.

Aparte de lo que pudiera haber de fingido, de falso, de superchería en el caso de las seño - ritas Fox, el hecho es que se evidenciaba en el mundo la existencia real y positiva de poderes latentes en el hombre, que, dirigidos sabiamente, podían prometer grandes e insospechados resultados.

Los fenómenos espiritistas, pasando por todos los grados que pasan los hechos humanos de conocimiento, desde el hecho puro hasta el hecho ridículo, el hecho preparado, han llegado a adquirir el prestigio de hechos ciertos, aunque su explicación no sea igualmente satisfactoria para las gentes. ¿Son obra del Diablo? Si realmente lo fueran, aunque se tratase de una superchería en ciertas ocasiones, aun en ellas habría que dar las gracias al Diablo, que sabe consolar los dolores de una manera tan hábil.

Pero no son hechos provocados por el Diablo, ya que no pocos espiritistas hacen profecías de fe católica, como otros, siguiendo el credo de la Reforma, son espiritistas también.

Conmovidos los fundamentos de la sociedad, liberada de la supremacía religiosa, el Diablo, si ha querido vivir, ha tenido que afectar una forma civil, laica, y así es como ha venido viviendo en el mundo contemporáneo, diluído en las masas y ofreciéndose de cuando en cuando más condensadamente en algunas individualidades, siguiendo el flujo y reflujo de este mar de las almas que llamamos humanidad.

El Diablo se ha dedicado a salvar a todos los reos políticos, remedando al ángel que sacó de la prisión a San Pedro; y la historia de las grandes evasiones, si en vez de afectar a la vida política, se refiriese a personajes religiosos y más creyentes, podría continuar y servir de apéndice a las hagiografías más nutridas de sucesos maravillosos.

Un Silvio Pellico, un Miguel Bakunin o un Príncipe Kropotkin casi tienen derecho a figurar en un almanaque por los grandes beneficios recibidos. Se dirá que fueron preparadas por ellos sus célebres evasiones; pero no podrá negarse que la mitad del éxito se debió siempre, indefectiblemente siempre, a un factor desconocido, que de recibir un nombre no puede tener otro que el de Dios o el del Diablo.

En su lucha por vivir y por vivir a toda cos·ta, el Diablo, de cuando en cuando, finge milagros antiguos, hace sudar a las imágenes de piedra y cambiar de postura a las figuras de un cuadro remedando la obra de los ángeles, como en el caso del retrato de San Felipe Neri, que pintado distraídamente por el artista mirando a los pies de la iglesia, apareció al día siguiente mirando al altar mayor.

Pero esas falsificaciones burdas, ridículas, escandalosas, como las mismas fábulas y ficciones de todo orden, tienen un soporte real, sobre el que descansan y viven. Y es ese soporte el verdadero Diablo, escondido, disfrazado, y disfrazado de nuevo para no ser conocido y observado por los hombres.

Venida muy a menos la dirección personal

en las cosas humanas, el Diablo no trata ya de tentar a los jefes de Estado, a los grandes financieros, los grandes capitanes y los ingenieros jefes de cualquier industria, en armonía con el espíritu que predomina entre los hombres, diluye su tentación entre pequeñas oligarquías de pecadores que pueden dirigir los negocios públicos con la ilusión de que los dirigen, sin pensar nunca que son los dirigidos.

Republicano el Diablo en los países monárquicos, y socialista en los republicanos, por una torpeza sólo, afecta en ocasiones un programa reformista.

En la realidad, fuera de la verdadera rebelión, el reformismo es el programa de los vencidos, y el que se reconozca serlo no podrá tomar parte en la lucha. Se reforma lo que quiere conservarse, sostenerse, lo que se cree necesario todavía. Una revolución tiene que acabar con toda reforma y se hace precisamente porque ha pasado ya la época de todos los arreglos.

En los países atrasados se puede ofrecer por el Diablo un ideal reformista como liberador del mal estado social; pero no tendrá éxito. Es una diablería cobarde que pueden subscribir los que sueñan con revoluciones pacíficas, y que incapaces de defenderse o de atacar con las armas en la mano, dicen hipócritamente: "Yo, ante la fuerza bruta, etc..."

El Diablo es el último recurso de aquellos que le pertenecen ya.

Son inútiles los esfuerzos que el Diablo hace por tentar a los hombres como a los santos que vemos en los altares. No hace mucho, en un pueblo de Francia, Lorient, pueblo que tiene una gran tradición de diabluras, de tentaciones, de asaltos demoníacos, a principios de este año de gracia, 1922, el Diablo se ha entretenido en romper los cristales de algunas casas. Las averiguaciones judiciales han tropezado con una muchacha que ha querido asumir la representación del Príncipe de las Tinieblas, y después de llorar ante los jueces ha sido absuelta, porque realmente no era el Diablo, ni su representante siquiera.

No se resigna a morir el Diablo y quiere, de cuando en cuando, dar señales de vida; pero de hecho, lleva una vida muy precaria, a lo menos en el antiguo plano de sus acciones. Pero no ha muerto ni morirá tan pronto. Antes de morir se ha de reconciliar con el Señor, y todavía algunos hombres podrán verle en el cielo ocupando un puesto más preeminente que ellos y más atendido también por Dios mismo, porque ha desempeñado un gran papel en la vida, como esos grandes pecadores arrepentidos, que haciendo tanto mal al parecer, han hecho más bien que esos hombres im·pecables, porque no han pecado aún ni traspuesto los umbrales de la humanidad.

CAPÍTULO XVI

BIBLIOGRAFIA

Dónde están los libros sobre el Diablo.—El Infierno de las bibliotecas.—Catálogo de las obras más notables.

Hay una amplia y extensa bibliografía sobre el Diablo; pero no toda ella merece recomendarse, porque se repite demasiado.

Aquí se anotan sólo las obras fundamentales que pueden completarse con los Directorios de los Inquisidores y que no se consignan por ser sobrado conocidos.

Muchas obras de las que aparecen en este catálogo son venales, a. unos precios escandalosos, para explotar la curiosidad, más que de los eruditos, de los crédulos o perversos. Sin embargo, todas ellas pueden consultarse con gran facilidad en las bibliotecas de los conventos, de las Ordenes religiosas y en las mismas bibliotecas públicas, donde están incluídas en el rincón tradicionalmente llamado el "Infierno".

No incluyo en este catálogo las creaciones

de Dante, Milton, Goethe y lord Byron—el *Cain*—porque realmente están fuera de este lugar. No menciono tampoco la *Demonología*, de Schelling, ni las cartas de W. Scott sobre las brujas y los demonios, porque, aunque la primera es por muchos conceptos digna de estima, y la segunda entretenida y amena, salen del extremo concreto a que he querido ajustarme al trazar este ensayo bibliográfico.

Las noticias más curiosas e interesantes no están, con todo, en estos Evangelios, sino en las curiosas e incatalogables vidas de los santos. Fuera de la *Leyenda dorada,* no creo que puedan recomendarse, salvo ciertas vidas particulares, las autobiografías, por ejemplo, más obra fundamental que la de los Bolandos, admirable y magnífico monumento lleno de crítica, de observación y de verdadera estima, aunque sea, naturalmente, parcial en lo que respecta a la consideración del Diablo.

Un ensayo iconográfico e iconológico sobre el Diablo, debía terminar este libro; pero el autor no tiene tiempo material para hacerlo con el respeto que el público le merece.

He aquí, realmente, las mejores obras que tratan sobre el Diablo:

Jacques Aconce. — "Stratagematum Satane. Libri octo."—Amsterdam, 1664. Un vol. in 12.

Adolphus.— "Histoire des diables modernes", par le feu M. Adolphus, juif anglais.— Londres, 1763. Un vol. in 12.

Axenfeld.—"Jean Wier et les sorciers."— 1865. (Se ha publicado como prólogo en la edición francesa de Wiers de 1885.)

Jules Baissac.— "Le Diable. La personne du Diable. Le personnel du Diable."—Maurice Dreyfous, París (S. A.). Un vol in 4.° (No se publicó más que un tomo.)

Jules Baissac.— "Les grandes jours de la sorcellerie."—C. Klincksieck. París, 1890. in 8.°

Baltasar Bekker.—"Betoverde wereld." (Le monde encante.)—Amsterdam, 1694. 4 vol. in 8.°

Bizuard.—"Des rapports de l'hommne avco le Démon."—París, 1863-64. 8 vol. in 8.°

Blomberg.—"Der Teufeld und seine Gesellen in der bilbenden Kunst."—Berlín, 1867.

J. Bodin.—"Demonologie."—París, 1581. Un vol. in 8.°

J. Bois.— "Le Satanisme et la Magie." — París, 1895. Flammarion. In 8.°

Paul Carus.— "The history of The-Devil and the idea of Evil."—Chicago, 1900. Un vol. in 4.°

J. M. Cayla.— "Le Diable, sa grandeur et

sa décadence."—E. Dentu. París, 1864. Un vol. in 8.º

Pedro Ciruelo.—"Tratado en el qual se reprueban las supersticiones y hechicerías."— Alcalá, 1547. Un vol. in 8.º

Collin de Plancy.—"Dictionnaire infernal."— París, 1882, 4 vol. in 8.º

P. Crespet.— "Deux livres de la haine de Shatan et malins esprits contre l'homme et de l'homme contre eux."—París, 1590. In 8.º

Daniel Defoe.—"The political history of the Devil."—Londres, 1726.

Delandine.— "L'Enfer des peuples anciens ou histoire des Dieux infernaux."—París. 2 vol. in 12.

Durey de Bruignac.— "Satan et la magie de nos jours."—París, 1864. Un vol. in 8.º

Clement d'Elbhé.—"Histoire du Satan."

P. Gener —"La Muerte y el Diablo."—Primera edición en francés. 2 vol. París, 1880. (Hay una edición castellana moderna en 2 vol. Barcelona, 1907.)

Görres.—"La mystique divine, naturelle et diabolique." (Trad. del alemán.)—París, 1862. 5 vol. in 8.º

A. Graf.— Storia naturale del Diavolo."— Torino, 1889. Un vol. in 8.º

S. Guaita. — "Le temple de Satan." — París, 1891.

Emmanuel Hiel.—"Lucifer."—Nápoles, 1866.

Jacob. (Le Bibliophile.)—"Curiosités théologiques."—París (s. a.), in 12.

Jacob. (Le Bibliophile.) — "Curiosités infernales."—París (s. a.), in 12.

Ch. Lancelin. — "Histoire mythique de Satan."—París, Daragon, 1905. Un vol. in 8.º

Ch. Lancelin.—"Mes rapports avec le Diable."—París, Durville. s. a. (1913). Un vol. in 8.ª

Pierre de Lancre. — "Tableau de l'inconslance des mauvais anges et démons." — París, 1610. Un vol. in 8.º

Lecanu.—"Histoire de Satan."—París (s. a.). Un vol. in 8.º, 1861.

Pierre Le Loyer. — "Discours et histoires des spectres, visions et apparitiones des sprits, anges, démons et âmes se monstrans visibles aux hommes."—París, 1605. In 4.º

Ch. Louandre. — "Le Diable et son intervention dans les choses humaines." (Revue des Deux Mondes. 15 Agosto, 1842.)

J. Matuszwski. — "Dyabel w poezyi." (El Diablo en la poesía.)—Warshan, 1894. (En la "Revista de Austria-Hungría.")

J. Michelet.—"La Sorcier."—París, 1862. Un

vol. in 8.° (Hay versiones castellanas publicadas en Madrid y Barcelona. Esta edición de L. Hachette et Cᶦᵉ, es la única completa.

A. Morel. — "Histoire générale du Diable d'après les documents officiels, les travaux des publicistes et les monuments de l'art."— París, 1861.

Gaspar Navarro.—"Tribunal de superstición ladina."—Huesca, 1631. Un vol. in .8.°

M. Osborn.—"Die Teufellitteratur das XVI Jahrh."—Berlín, 1893. In 8.°

Martín del Río.—"Disquisitiones magice."— Maguncia, 1622. Un vol. in 4.° (La primera edición, Lovaina, 1599, es la que debe consultarse, por estar expurgadas las restantes.)

G. Gustavo Roskoff.—"Geschichte des Teufels."—Leipzig, 1869. 2 vol. in 8.°

Schwindenius.—"Histoire du Diable."—Amsterdam, 1729. 2 vol. in 8.° (Es la traducción de la obra de Defoe.)

Soyer.—"Les mystères du Diable devoités."

J. Sprenger. — "Malleus maleficarum."— Francfort, 1582. In 8.°

Theatrum Diabolorum.—Franckf a. M. 1575 fol. (Recopilación admirable, llena de documentos gráficos.)

F. Torreblanca Villalpando.—"Epitomes Delictorum in quibus aperta, vel oculta, invocatio daemones intervenit."—Hispalis, 1618.

Jean Wier. — "Histoires, disputes et discours des illusions et impostures des diabies." (Trad. del latín por J. Grevin.) —París, 1567. Un vol. in 8.° (Reedición: París, 1885. 2 vol. in 8.°

Th. Wright. — "Narration of Sorcery and Magic."

CAPÍTULO XVII

PORVENIR Y URGENCIA DEL DIABLO

La tentación sobre la razón.—El Diablo se hace econo-
mista.—Las Catedrales y los Bancos.—Porvenir económico del Diablo.—La última tentación a los hombres.

En una de esas antítesis, tan artísticas siempre por el desconcierto y asombro que produ-
cen al ánimo en estado de reposo, se ha dicho
campanudamente: "El mundo ha perdido la
virginidad de la Fe, para cobrar la maternidad de la Razón."

Y la suprema tentación del Diablo, después
de la primera efectuada en el Paraíso, a una
pareja desnuda con escasos medios de defensa, ha sido ésta dirigida a su entendimiento
ponderándola y exaltándola la fuerza íntima
que posee.

De todas las tentaciones, la más duradera ha
sido así la realizada por medio de Lutero, enseñando la utilidad del libre examen de las Santas Escrituras.

Hasta llegar a esa suprema acción, el Diablo

ha tenido que hacer muchas cosas, pero todas pequeñas e insignificantes, demasiado fisiológicas y carnales.

Todavía no hay más pecados para las gentes retrasadas y sencillas, que los pecados que infringen el sexto mandamiento o tratan de infringirlo.

El Diablo ha cogido a los hombres por los sentidos y todas sus tentaciones han sido materiales por muchísimo tiempo para la masa general, sin perjuicio de elevar su acción en los ataques a los hombres superiores en saber, orden y gobierno. Para la generalidad, su acción ha revestido caracteres muy sugestivos, y así, el Diablo ha facilitado el logro de los más inocentes deseos, de los impulsos más egoístas, de la salud que se le ha pedido y de la riqueza que se le ha demandado. En su época teológica ha tentado a los servidores del culto, después, se ha dirigido a los médicos, a los sabios, a los químicos, a los jefes de gobierno, y ahora vive en las regiones de la economía política, donde tiene un amplio campo para su acción, porque el hombre menos dueño de sí en ese mundo que en cualquier otro, es mucho más débil que en ninguno.

No hay mayor desnudez que la pobreza, mayor desdicha, ni mayor indefensión, que sentir la carencia de dinero. La conservación física es posible por el alimento; pero la conservación social no puede sostenerse sin la riqueza.

La sublime locura franciscana que surge contra la invasión de la moneda y el valor a las primeras iniciaciones del crédito, ha sido vencida por el Diablo, tanto en los mismos franciscanos, que se han enriquecido luego como en esas resurrecciones comunistas y anarquistas de un mundo sin numerario y sin moneda, que han terminado por afirmar la propiedad y por pagar los pobres los desperfectos ocasionados en su rapto de locura.

La gran obra diabólica, por excelencia, ha sido esta invención y sublimación del crédito como cosa opuesta a la fe pura. A la revelación divina, sin más instrumento que la misma palabra, se ha opuesto por el Diablo la emisión de valores que halagan a los sentidos, conmoviendo la vista con la finura y estampación del grabado, con el volumen de las reservas, las facilidades del transporte, la seguridad de reducir la riqueza y el hecho de tener todas las posibilidades imaginables en un papel.

Frente a las catedrales de Colonia y de León, a San Pablo, de Londres, la abadía de Westminster o el templo de Notre-Dame, se yerguen hoy los Bancos de las grandes capitales y los grandes establecimientos de crédito, donde la fe, montada en oro, gime, presa en las reser-

vas y sonríe locamente en la plaza, esgrimiendo papeles de colores, el crédito que la ha en-
cadenado.

Esos puentes del Diablo, atrevidos y osados
que pasan sobre el abismo uniendo dos montañas, fabricados y erigidos en una noche, no
son tan admirables como la menos vulgariza-
da sociedad de crédito. Aquellos prodigios del
Diablo médico que, en la Edad Media, demues-
tran su alta sabiduría en el conocimiento de
los simples, sus anticipaciones al uso de los al-
caloides, a la vacuna, a las inyecciones hipo-
dérmicas y al empleo de las glándulas de se-
creción, no resisten la admiración ni la mala
voluntad que provoca hoy creando una empresa de transportes. El Diablo alquimista, entre-
gando en las retortas de los laboratorios antiguos una piedra filosofal a los buscadores de
oro, haciendo que el hombre descubra el fós-
foro, el alcohol, y cree la química un Roger Bacon, un Bertoldo Schwartz, un Brand o un Arnaldo de Vilanova, vale menos que influyendo
sobre William Law, en la época del Regente,
desarrollando en Francia la locura del papel
moneda, precipitando al país en las emociones
del agio.

La iniciación económica del Diablo cristiano se efectúa en el campo de batalla, primero,
y después en el comercio. Encontrándose el

conde de la Tendilla en la necesidad de pagar a las tropas, se le ocurre inventar el primer billete de Banco, dando un recibo a los soldados que le han ayudado en el sitio de Tarifa (1337).

Cuando los comerciantes de Medina del Campo tienen que ajustar sus cuentas, al final de la feria, llegan en la misma Edad Media a crear los créditos de compensación que ahora en las *clearing-houses* facilitan en pocas horas transacciones de millones de millones. En los *fines de la misma edad, cuando se ha sospechado que el Diablo mismo se alberga dentro* de cada judío, arrojándolos de España para no manchar el cielo con el humo de tanta hoguera, ellos escapan y se llevan el dinero, sin llevarlo, por arte maravilloso y diabólico, inventando la letra de cambio.

El porvenir económico del Diablo parece asegurado, y nada podrá conmoverlo, porque ha hecho del crédito el soporte de su acción.

Un hombre sin fe puede tomar parte en la vida sin que se note su vacío interior; pero un hombre sin crédito ni siquiera podrá llegar al día siguiente. Así es como ha venido a ser necesario el Diablo en la vida de los hombres y como es de extrema urgencia su acción en ella. El sueño de la transmutación, perseguido aún por pobres pecadores de menor cuantía, no será tan eficaz el día que los experimentos de

Ramsay sean superados, como esta transmutación que sobre el crédito se realiza en todas partes, poniendo el Diablo en circulación los resguardos del pacto que acaba de celebrar, bajo la apariencia de un acuerdo entre el Estado y una entidad bancaria, o entre unos particulares y sus deseos de riqueza.

En los tentados por la fiebre de poseer, considerando el trabajo como un castigo y como la verdadera caída del hombre, no hay otro interés que trasmitir a otro la carga y arrancarle el beneficio que por el trabajo ha conseguido.

Si fuera verdad que el trabajo es una pena, la urgencia del Diablo para eludirlo se sentiría de veras, porque él remediaría esa pena con una habilidad engañadora, haciendo esas promesas de futuro que permiten el trabajo ajeno y el descanso propio en lo presente.

Las tentaciones sobre la carne se han limitado en el hombre a unos años no más de su existencia. Las que parecen perpetuas e inagotables son las que afectan a su deseo de dominio, y que descansan en la posesión de medios que los demás no poseen. En la provisión de ellos está el porvenir del Diablo, que ya no trata de hacer a las gentes lujuriosas, enemigas de Dios y discutidoras de los dogmas, sino poderosas y ricas para desarrollar más adelante las furias de su carne, torturadas por la avaricia y el imperio de su razón, adormecida por los números.

Ni siquiera hace falta ya la presencia real del Diablo; opera a distancia sobre los hombres, y para que se dañen y maltraten, se ha limitado a arrojar sobre ellos una moneda, diciendo con el previo regocijo del que ha de ver la pelea: "¡Para el que pueda cogerla!"

¿Sufriríais ya tentación por las manzanas de un árbol, vosotros mis amigos, mis hombres de hoy, tan bien vestidos? ¿Sufriríais ya tentación por decir una verdad que os llevaría al cadalso? Vosotros no podéis ser tentados más que por este sol perdido, enterrado en las entrañas de la tierra, que al salir a la luz tiene que fortalecerse con un poco de cobre y una efigie humana para durar y parecer un hombre.

CAPÍTULO XVIII

INDICACIONES

Notas, observaciones, aclaraciones, comentarios, adiciones y escolios.

Se debería intentar hacer un museo del Diablo, que desde luego habría de ser internacional, porque los museos de religiones comparados no enseñan ni dicen lo bastante del Diablo cristiano, del que vive dentro del cristianismo, sino de los diablos que le han precedido en otras religiones.

———

En el archivo de la catedral de Girgenti se conserva una carta autógrafa del Diablo, cuyo examen grafológico no dejaría de ser curioso, tanto para acreditar la autenticidad del documento como para conocer la psicología del autor.

———

En el convento de Gladstone, en Inglaterra, se conserva una de las piedras que el Diablo presentó a Jesús cuando le tentó, invitándole a que las trocase en pan.

En la plaza de Ancane, en Tolentino, Italia, se conserva el bastón que usaba el Diablo.

Una tradición piadosa en España dice que el día de San Bartolomé (20 de agosto) anda suelto el Diablo todo el día.

El Diablo ha sido procesado muchas veces, sobre todo en la Edad Media.

Entre sus procesos más célebres se conservan en Italia el trazado por BARTOLO DE SASSOFENATO: *Tratado della questione ventilata innanzi al Signor Gesu Cristo, pra la Vergine Marie dall' una parte e il diavolo dall' oltra*, obra de mediados del siglo xiv, y el *Processus Luciferi*, de Jacopo degli Ancarani, de Teramo, de 1410.

Daniel De Foe observa en su curiosa *Historia del Diablo* (par. I, cap, IV), que éste ha recibido los siguientes nombres en las Santas Escrituras:

Serpiente (Gén. III, 1), *La serpiente antigua*

(Apoc. XII, 9), *El gran dragón rojo* (Apoc. XII, 3), *El acusador* (Apoc. XII, 10), *El enemigo* (Mat. XVI, 25), *Satán* (Job I, 7, y Zac. III, 1-2), *Belial* (2.ª Ad Cor. VI-15), *Belcebú* (Mat. XII, 24), *Mammon* (Mat. VI, 24), *Angel de Luz* (2.ª Ad. Cor. XI, 14), *El ángel del abismo* (Apoc. IX-11), *Príncipe de la potencia del aire* (Ad Efe. II, 2), *Lucifer* (Isa. XIV, 12), *Abaddhon* o *Apolon* (Apoc. IX, 11), *Legión* (Mar. V, 9), *El Dios de este siglo* (2.ª Ad. Cor. IV, 4), *El espíritu impuro* (Marc. IX, 25), *El espíritu inmundo* (Marc. I, 27), *El espíritu embustero* (1.º Reyes XXII-22), *El tentador* (Mat. IV-3), *Hijo del Amanecer* (Isa. XIV-12).

———

Mr. De Boys, en su obra *La vérité sur l'espiritisme,* París, 1843, pág. 13, refiere que, habiéndose empeñado en una sesión espiritista que el espíritu evocado escribiese: "¡Viva Jesús!", no pudo lograrlo jamás, viendo, en cambio, escrito este otro viva: "¡Viva Satanás!"

Hecho de la más gran importancia, por enseñarnos que el Diablo ha aceptado el nombre con que generalmente le designa el mundo cristiano, y patentar que la inmensa mayoría de los fenómenos medionímicos son obra suya o realizada bajo su auspicio.

———

En 1737 se publicó un Almanaque del Diablo en París, señalando perfectamente las regiones infernales. Es una sátira contra los jansenistas, que replicaron con un *Almanaque de Dios.*

Una pretendida leyenda atribuye la erección del acueducto de Segovia al mismo Diablo, como obra realizada y llevada a término en el espacio de una noche.

Es una variante de tantas otras leyendas del *Folklore* del Diablo.

Entre otros puentes célebres atribuídos al saber arquitectónico del Diablo, son los más notables el de Schellenen, en Suiza; el de Regensburg, sobre el Danubio, y el de Aviñon, sobre el Ródano.

Al Diablo se le atribuye también la erección de la catedral de Colonia.

El Diablo tiene predilección por las montañas, y las más favorecidas por él han sido: los Pirineos, los Cárpatos, el Jura, los Alpes y las cumbres del Hartz.

La misa negra, sangrienta, se celebra en ocasiones para fines interesados. Bajo Carlos IX (1574) se celebra una vez en el castillo de Vincennes, por un sacerdote apóstata. Se dió la comunión a un niño judío, se le cortó la cabeza y se la puso sobre la hostia colocada en la patena. El rey, desde su lecho, preguntó a la cabeza si curaría de su dolencia. La cabeza, entreabriendo los labios, murmuró su condena. El rey, enloquecido, empezó a gritar: "¡Quitad esa cabeza!" Y murió a los dos días sudando sangre. (30 de mayo de 1574.)

La idea del Infierno la estima Conan Doyle, en su celebrado libro *La nueva revelación,* como una concepción odiosa y blasfema contra el Creador, engendrada por la fraseología oriental y el espanto del fuego en los hombres primitivos. "Sin embargo —añade—, el concepto de castigo, de una expiación, de un purgatorio, en una palabra, está confirmado por las comunicaciones de ultratumba."

Uno de los medios de arrojar al Diablo de los lugares donde está es trazar el sello de Salomón en cinco puntas.

En el *Fausto* se hace alusión a esta defensa que tiene el hombre, y que muchas veces ha usado.

Ahora bien; la estrella de cinco puntas, según tenga dos puntas hacia el objeto que se desea alejar o una sola, tiene o no tiene valor.

Para arrojar el Diablo deben de ofrecérsele dos puntas hacia él. Esquemáticamente podemos trazar ese sello cerrando la mano derecha, y extendiendo los dedos índice y meñique, bien abiertos. Se agita la mano de derecha a izquierda, diciendo: "¡Lagarto! ¡Lagarto!" —que se supone es enemigo de la culebra, que representa al Diablo—y el Diablo se va o no ocurre la desgracia que podía haber caído sobre nosotros.

———

Al Diablo le molestan mucho las campanillas, porque le recuerdan el culto cristiano.

———

Una variedad conjuratoria del sello de Salomón se hace con las manos cerrando el puño y sacando entre los dedos índice y medio la punta del pulgar. Ese signo, llamado *higa,* es una estrella de cinco puntas con la punta ofrecida al Diablo—el dedo pulgar que sobresale.

Fabricadas con azabache esas *higas,* constituyeron una industria curiosa en Santiago de Compostela, donde se vendían a los peregrinos que acudían a la visita del sepulcro del Apóstol.

APÉNDICE

BULA "SUMMIS DESIDERANTES" DEL PAPA
INOCENCIO VIII

INOCENCIO, obispo, siervo de los siervos de Dios; para perpetua memoria.

Deseando con soberano ardor, como lo requiere la solicitud pastoral, que la fe católica se acreciente y florezca lo más posible en todas partes en nuestro tiempo, y que toda pravedad herética sea rechazada lejos de las fronteras de los fieles: Nos, ordenamos y establecemos de nuevo, para que este piadoso deseo tenga el efecto apetecido, y extirpados todos los errores por nuestro ministerio, como el escardillo de un cultivador prudente, la impresión más viva, el celo y el respeto de esta fe en el corazón de los mismos fieles.

Ha llegado recientemente a Nos el conocimiento cierto, no sin que hayamos experimentado profunda pena, de que en algunas partes de la alta Alemania, así como en las provincias, ciudades, territorios, localidades y dióce-

257

sis de Maguncia, Colonia, Tréveris, Salzburgo
y Berna, cierto número de personas de uno y
otro sexo, olvidando su propia salvación y se-
parándose de la fe católica, se entregan a los
demonios íncubos y súcubos, y por sus encantamientos, hechizos, conjuraciones, sortilegios
excesos, crímenes y actos infames, hacen pere-
cer y destruyen el fruto en el seno de las mu
jeres, en el vientre de las bestias, los productos
de la tierra, las uvas de las viñas y los frutos
de los árboles, así como a los hombres, las mujeres, el ganado y los animales de otras especies, las cosechas, las viñas, los jardines, las
praderas, los pastos, los sembrados, los trigos
y otros cereales; que afligen y atormentan con
dolores y males atroces tanto interiores como
exteriores, esos mismos hombres, mujeres, bestias de carga, rebaños y animales, e impiden
que los hombres puedan engendrar, las mujeres concebir, los maridos cumplir el débito cerca de sus mujeres y las esposas cerca de sus
esposos; que, además, reniegan sacrílegamente
de palabra la fe que recibieron en el santo bautismo; que no teman por ello cometer y perpe
trar, a instigación del enemigo del género humano, muchos otros excesos y crímenes abomi-
nables, con peligro de sus almas, menosprecio
de la Majestad divina y grandísimo escándalo
de todo el mundo.

Y aunque los queridos hijos Enrique Instítor y Jacobo Sprenger, de la Orden de los Hermanos Predicadores, y profesores de teología, hayan sido delegados, por letras apostólicas, como Inquisidores contra la pravedad herética, y lo sean aún, el primero en las mencionadas partes de la alta Alemania, donde se reputa están incluídas también las provincias, ciudades, territorios, diócesis y otros lugares, como se dice; y el segundo en ciertas partes de la cuenca del Rhin, sin embargo algunos sacerdotes y laicos de esos países, tratando saber más de lo que conviene, porque en las mencionadas letras de delegación, ni nominativa ni especialmente se mencionan esas provincias, ciudades, diócesis y los demás lugares dichos, como tampoco las personas y los excesos indicados, no se avergüenzan obstinadamente en afirmar que tales cosas están incluídas en las dichas partes; que, por consiguiente, no se les permite a los referidos Inquisidores ejercer su oficio de inquisición en las provincias, ciudades, territorios y lugares dichos, ni tampoco proceder al castigo, encarcelación y corrección de semejantes personas por los crímenes y excesos enunciados; y es por esto por lo que en las provincias, ciudades, diócesis y lugares dichos los excesos y crímenes en cuestión quedan impunes, no sin peligro evidente para sus almas y perjuicio para su salvación eterna.

Queriendo, pues, como es deber nuestro, allanar todas las dificultades que sean un obstáculo, de cualquier modo, para el cumplimiento del oficio de los referidos Inquisidores, y prevenir por los medios oportunos que la mancha de la pravedad herética y otros excesos parecidos extiendan su infección para pérdida de otros que son inocentes, el celo de la fe llévanos aquí principalmente, a fin de que no pueda resultar de eso que las provincias, ciudades, diócesis, territorios y lugares dichos de esas mismas regiones de la alta Alemania estén privadas del oficio de la Inquisición, establecer por estas presentes, en virtud de la autoridad apostólica, que se permita a los referidos Inquisidores en esas regiones ejercitar el oficio de Inquisición, y proceder allí a la corrección, encarcelamiento y castigo de las personas por los mencionados excesos y crímenes, en todo y por todo, como si las provincias, ciudades, diócesis, territorios y lugares, personas y excesos dichos estuvieran nominal y expresamente designados por las repetidas letras.

Y para más seguridad, extendiendo esas letras y diputación a las provincias, ciudades, diócesis, territorios y lugares, personas y crímenes dichos, Nos acordamos a los mencionados Inquisidores que a ellos, o uno de ellos, se adjunte el querido hijo Juan Gremper, sacerdote de la diócesis de Constanza, maestro de artes, su notario actual, o cualquier otro notario público, para que por sí mismos, o por uno de ellos, sea delegado temporalmente en las provincias, ciudades, diócesis, territorios y lugares sobredichos, contra todas las personas, por rango y condición elevada que tengan, para el ejercicio del oficio de Inquisición, corrigiendo, encarcelando y castigándolas según merezcan esas personas encontradas culpables; y con plena y entera facultad de anunciar y predicar la palabra de Dios al pueblo fiel, en todas y en cada una de las iglesias parroquiales de las repetidas provincias, ciudades, diócesis, territorios y lugares, haciendo todas las cosas necesarias y oportunas en los referidos casos, ejecutándolas libre y lícitamente.

Nos ordenamos al mismo tiempo, por letras apostólicas, a nuestro venerable hermano el obispo de Strasburgo, que por sí mismo o por otro u otros realice solemnemente las indicadas misiones, siempre, donde y cuando halle expediente para ello, o sea legítimamente requerido por parte de los mencionados Inquisidores, o uno de ellos; y no permita que sean impedidos o molestados de cualquier modo por cualquier autoridad que sea tocante al tenor de las letras dichas y de las presentes, amenazando a los molestantes, recalcitrantes, opositores de cualquier forma y rebeldez, de cualquier rango, estado, grado, preeminencia, nobleza, excelencia o condición que sean, y de cualquier privilegio o exención que gocen, con la excomunión, la suspensión, el interdicto y otras censuras, sentencias y penas más tremendas aún, según se dirá, y eso sin apelación, con facultad, según todos los procedimientos de derecho para esas cosas, de aumentar y agravar, en virtud de nuestra autoridad, los juicios depuestos, tan pronto como lo necesite, recurriendo para ello, si es necesario, al brazo secular, sin que otras decisiones y constituciones apostólicas anteriores contrarias puedan oponérseles. Y si para algunos ha sido acordado por esta Sede Apostólica, en general o en particular no poder ser interdictos, suspendidos, excomulgados, en virtud de letras apostólicas, no haciendo en ellas mención entera, expresa y literal del dicho indulto, o toda otra indulgencia general o especial de esta Sede, que, por no mencionarse en estas presentes o insertarse totalmente, puedan tener efectos impedientes o diferirse de cualquier manera, mención expresa deberá hacerse en todo al tenor de nuestras letras.

Que no se permita absolutamente a nadie

quebrantar esta página de nuestra declaración, redacción, otorgamiento y mandato, o contradecirlo por manera temeraria. Pero si alguno lo intentara, sepa que incurrirá en la indignación de Dios Todo Poderoso y de los bienaventurados apóstoles San Pedro y San Pablo.

Dado en Roma, en San Pedro, el nueve de diciembre del año de la Encarnación de N. S. mil cuatrocientos ochenta y cuatro, y primero de nuestro Pontificado.

ESTE LIBRO
SE ACABÓ DE IMPRIMIR
EL 29 DE SEPTIEMBRE DE 1922,
FESTIVIDAD DE SAN MIGUEL,
EN EL ESTABLECIMIENTO TIPOGRÁFICO
SUCESORES DE RIVADENEYRA,
PASEO SAN VICENTE, 20
MADRID